Rose Marie Dähncke
Brot, das jeder backen kann

Rose Marie Dähncke

Brot
das jeder backen kann

AT Verlag Aarau · Stuttgart

Fotos: Rose Marie Dähncke
Titelfoto und Buchgestaltung: AT Grafik
Herstellung: Grafische Betriebe Aargauer Tagblatt AG,
Aarau (Schweiz)
Printed in Switzerland
ISBN 3 85502 130 9

Inhalt

Rund ums Brotbacken

Gutes, selbstgebackenes Brot

Wir backen wieder Brot. Was früher selbstverständlich und notwendig war, soll uns heute Vergnügen bereiten. Vergnügen beim Backen, wenn der Duft des werdenden Brotes die ganze Wohnung durchzieht, und auch später beim Geniessen des von uns eigenhändig hergestellten, bewundernswerten Brotes. Denn bewundern werden Sie jedes Ihrer gut gelungenen Brote: Diese schönen Brauntöne des gerade richtig lange gebackenen Brotlaibes, der interessant-eigenwillige Riss, der sich durch letztes Gehen im Backofen an der Oberfläche gebildet hat! An dessen Kanten man schon sehen kann, wie knusprig die Kruste ist. Stolz sind Sie auf Ihr Brot! Und nun gewinnt es plötzlich wieder die gebührende Beachtung, die ihm zukommt. Was wären wir ohne Brot. Die Ernährungswissenschaftler betonen es immer wieder – und wir sollten es alle wissen – dass die Grundlage der menschlichen Ernährung das Getreide ist. Das bedeutet Brotessen, neben anderen Getreidemahlzeiten, und darum sollten wir das Beste aus dem täglichen Brot machen, was Geschmack und Gehalt anbelangt. Dann kann Brot allein eine vollwertige Mahlzeit darstellen.

Frisch und rein

Das Backen ist einfach, und Sie haben Gelegenheit, im Laufe der Zeit das Brot herauszufinden, das Sie für alle Tage am liebsten haben, Ihr persönliches Hausbrot. Und plötzlich werden Sie erkennen, wie gut Brot überhaupt schmecken kann. Frische – von Ihnen kontrollierbar – und Reinheit – bei eigener Herstellung garantiert – zeichnen es aus, keine Haltbarkeitsmittel schmecken hervor, keine sonstigen Zusätze müssen in Kauf genommen werden.

Vollkornmehl

Wer darüber hinaus Krankheiten entgegenwirken möchte oder Spannkraft und Vitalität erhalten will, wird beim Selberbacken auch gleich zum Vollkornmehl übergehen, das problemlos verarbeitet werden kann und dem Brot neben allen Vitaminen und Mineralstoffen auch mehr Aroma gibt. Beim Vollkornmehl wird das Korn mit Keim und Randschichten vermahlen, den gesündesten Teilen des Kornes, die beim Auszugsmehl fehlen. Probieren Sie deshalb auch die Weizenbrotrezepte mit Vollkornmehl oder Vollkornschrot aus, das gröber ist als Mehl. Vollkornmehl gibt es in Spezialgeschäften zu kaufen. Unübertrefflich ist jedoch, das Korn direkt vor dem Backen zu mahlen oder zu schroten und ganz frisch zu verwenden. Dabei verliert es am wenigsten von seinen wertvollen Inhaltsstoffen.

Mühlen

Handbetriebene Getreidemühlen sind für den gelegentlichen Backbedarf ausreichend. Bei regelmässiger Beanspruchung wird eine elektrische Getreidemühle benötigt. Mehrere Firmen bieten solche Mühlen an (vielleicht gibt es auch zu Ihrer bereits vorhandenen Küchenmaschine einen Mahlvorsatz), die meistens mit dem Stahlmahlwerk Messerschmidt ausgerüstet sind, einem robusten, vielseitig zu verwendenden Mahlwerk, das im Notfall auch leicht auseinandergenommen und gereinigt werden kann. Einige Firmen liefern Mühlen mit Mahlsteinen, die feineres Mehl ermöglichen, aber nicht so vielseitig sind. Das Getreide muss nicht unbedingt ganz fein gemahlen werden. Ist der Kern des Getreidekorns zerstört, zerfällt es beim Backen, so dass also Schrot in mittlerem Feinheitsgrad genügt.

Getreide lagern

Das ganze Getreidekorn ist gut lagerfähig (im Gegensatz zum Mehl daraus), so dass grösserer Vorrat eingekauft werden kann. Unterbringung empfiehlt sich luftig und trocken (Holztruhe, Kiste, Stoffbeutel).

Anweisungen

Unsere Vorfahren wussten, wie man Brot bäckt, und in manchen ländlichen Haushalten weiss man es heute noch. Man hält sich an ein Rezept, meist typisch für die Landschaft oder überliefert von den Eltern, und das hat man so im Griff, dass es immer etwas wird. Wir müssen das Brotbacken erst wieder lernen und brauchen genaue Rezepte und Verarbeitungsanweisungen, weil es doch einige Fehlerquellen gibt. Experimentieren Sie bitte nicht gleich, sondern befolgen Sie genau die Angaben. Alle Fehler, die Sie machen können, habe ich schon vor Ihnen gemacht, und so können Sie ohne Umweg über eigene Fehler aus den meinen lernen. Ich halte mich gern für klüger als andere und versuchte es auf jede mögliche Art und Weise, schneller und einfacher an das Ergebnis Brot zu kommen, aber es wurden immer nur wohlschmeckende Ziegelsteine. Jetzt stimmen meine Rezepte aber genau und sind weder zu vereinfachen noch kaum zu verbessern. Wenden Sie die Zeit auf und lesen die Allgemeintexte einmal durch. Sie werden das Brot dann «verstehen» lernen; es ist keine Sache mehr, sondern etwas Lebendiges, und das Gelingen eines Brotes ist der krönende Abschluss eines zeitbeanspruchenden individuellen Werdeganges: der Umwandlung von Wasser und Mehl in köstliches Brot. Ich «verstehe» das Brot jetzt, und so habe ich gleich ein neues Brot entwickelt, «Mein Übernachtbrot» (Seiten 38/74), das am Abend mit Hefe angesetzt wird und am Morgen ein Sauerteigbrot geworden ist, mit feinem Aroma und knuspriger Kruste.

So einfach ist das Thema Brot

Dieses Buch enthält einfache Brotrezepte, die jeder nachvollziehen kann. Es wurde von bedeutungsvoller Namengebung der einzelnen Brote abgesehen, vielmehr ist schon im Titel vermerkt, worin die Besonderheit des Brotes besteht. Wenn man bedenkt, dass immer Wasser und Mehl die Grundzutaten sind, kommt es nur noch auf die Wahl des Treibmittels an: Hefe oder Sauerteig (Backpulver ist für das Brotbacken unbedeutend). Die vielen unterschiedlichen Brotnamen, bedingt durch einen Teelöffel Zucker oder Beigabe von etwas Fett oder anderem, irritieren den Unerfahrenen und lassen ihn glauben, es gäbe unzählige verschiedene Brote (über 200, sagt die Literatur, und wenn Sie Ihr Brot immer wieder anders zusammenstellen, können Sie nach diesem Buch bereits über 70 davon backen). Sie können bei Befolgung der für die beiden Haupttreibmittel geltenden Grundregeln überhaupt jedes Brot backen. Das Buch zeigt, dass Sie aus einem Teig sowohl Brot als auch Kleingebäck herstellen können. Durch sinnvolle Rezeptfolge, beginnend mit dem einfachsten, arbeiten Sie sich ganz leicht in die Brotherstellung ein.

Brotformen

Genau wie die vielen unterschiedlichen Namen immer wieder auf Wasser und Mehl in verschiedener Mischung und Würzung hinauslaufen, so ist es auch mit den vielen Gestalten: ob Kastenbrot, freigeschobenes Brot, Zopf oder Schnecke, Brötchen oder Stange, der Geschmack bleibt derselbe. Das Brot in der Kastenform zu backen hat allerdings den Vorteil, dass ein zu weicher Teig nicht auf dem Blech zum Fladen verläuft, weshalb der Anfänger damit beginnen sollte.

Rührteig oder Knetteig

Wer eine Küchenmaschine besitzt, wird sicher das Rührteigbrot, das in der Form gebacken wird, bevorzugen. Diesen Teig schafft die Maschine ohne Ihre Hilfe. Jedes Rezept ist für Rührteigbrot geeignet. Der Rührteig hat die richtige Beschaffenheit, wenn nach dem Ausschalten der Küchenmaschine der Teig stehen bleibt und nicht verläuft. Ein Schritt weiter wäre, dass der Teig sich in einem Ballen um den laufenden Knethaken ansammelt und sich vom Schüsselrand löst. Auch das ist noch Rührteig. Das Rührteigbrot ist saftiger, aromatischer, es hält sich länger frisch. In das Knetteigbrot wird so viel Mehl eingeknetet, dass der Teig weder auf der Arbeitsplatte noch an den Händen klebt. Es ist rustikaler, trocken-krümelig, meist auch fester, bietet aber, wie manchmal erwünscht, eine Rundum-Kruste, da es ohne Form auf dem Backblech gebacken wird.

Mengenangaben und Backzeit

Die Rezepte sind durchweg auf 1000 g Mehl oder Schrot aufgebaut mit wenigen Ausnahmen, wo die halbe Menge gerade für ein Backblech ausreicht. Ich halte andere Hausfrauen und Hobbyköche für genau so sparsam wie mich selbst, und ich heize nicht gern den Backofen für ein kleines Brot, sondern lieber für ein grosses oder mehrere. Ein 1000-g-Brot braucht 50–60 Minuten Backzeit, und ein ganzer Backofen voll braucht auch nicht länger, so dass ich gleich einige Brote auf einmal hineinstelle. Dank der guten Lagerfähigkeit von Sauerteigbrot (Seite 51) habe ich dann einen Vorrat. Überzählige Hefebrote müssten tiefgefroren werden (Seite 48f.), da sie schneller austrocknen.

Schwaden geben oder nicht

Der Bäckermeister gibt manchen Broten für kurze Zeit einen durch Wasserverdunstung erzeugten Dampf, den sogenannten Schwaden. Er drückt dazu auf einen Knopf seiner vollautomatischen Anlage. Wir müssen den Schwaden durch Einstellen eines backofenfesten Behälters mit Wasser oder durch Einschütten von Wasser auf die Bodenplatte des Elektroherdes oder auf das Bratenblech des Gasherdes bewirken. Ob dies auch für Ihre Brotbäckerei wichtig ist, zeigen am besten eigene Versuche. Ein gut schliessender Herd wird ausreichende Feuchtigkeit durch die Verdampfung aus dem Brotteig erhalten. Ein schlecht schliessender Backofen lässt diese Teigfeuchtigkeit hinaus und braucht vielleicht etwas Dampf. Ehe man sich zusätzliche und unnötige Mühe macht, sollte das Brotbacken zuerst ohne Dampf versucht werden. Meine Versuche haben ergeben, dass Rührteigbrote keinen Dampf benötigen. Alle Brote in Kastenform auf meinen Fotos sind solche Rührteigbrote.

Fotos

Die Fotos zeigen sicher nicht Brote von der Vollkommenheit, wie man sie vom Bäcker gewohnt ist, aber ich habe sie selbst gebacken, und bei Ihnen werden Sie ähnlich aussehen. Ich finde, man sieht ihnen an, dass sie schmecken.

Öfen, Herde

Zum Brotbacken eignet sich jeder Herd. Genaue Temperaturangaben sind hier nicht möglich, da trotz moderner Thermostate das hundertprozentige Funktionieren nicht kontrollierbar ist. Grundregel für das Brotbacken ist: in den stark aufgeheizten Backofen die Brote einschieben und bei abfallender Hitze backen (Seite 17). Nach diesem System wurde seit eh und je in den ländlichen Steinöfen gebacken. Zuerst wurde in dem Backraum das Reisigholz verbrannt und nach dem Auskehren der Asche das Brot eingeschoben. Ein besonderer Backofen sollte hier erwähnt werden, der von der Firma Heinz Manz, 6993 Creglingen, speziell für das Brotbacken konstruiert wurde, aber auch wie jeder andere Elektroherd benutzt werden kann. Sogar im Grill- und Backautomaten GR 62 (Hersteller Bauknecht) habe ich schon Brot gebacken, was dank der enormen Hitzeerzeugung bis 250 Grad möglich ist.

Was ich kann, können Sie auch

Dass meine Brote wohl gelingen, obwohl ich kein gelernter Bäcker bin, soll Ihnen Mut machen und Ihnen die Gewissheit geben, dass Sie es genausogut können wie ich. Mit dem Brotbacken ist es so wie mit jeder anderen neuen Sache auch: Wenn Sie es erst beherrschen, werden Sie sagen, Brotbacken ist wirklich ganz einfach!

Was braucht man zum Brotbacken?

Küchenmaschine

Wer regelmässig Brot backen will, sollte sich zur Erleichterung der Knetarbeit eine Küchenmaschine mit kräftigem Rührwerk anschaffen. Es ist eine ziemlich schwere Arbeit, und ohne Kneten geht es beim Brotbacken nun einmal nicht. Vom ausreichenden Kneten ist der ganze Backerfolg abhängig. Ein starkes Rührwerk, das einen Knetteig bewältigen kann, besitzt die Kitchen Aid, ihr folgt das Fabrikat Braun KM 321. Die Kitchen Aid hat den Vorteil, dass auch ein Getreidemahlwerk dazu geliefert wird, so dass man Vollkornmehl selbst herstellen kann. Entscheidet man sich für den Kauf einer leichteren Küchenmaschine (Rowenta, Krups) wird der Teig noch etwas auf der Arbeitsplatte mit der Hand nachgeknetet; die Hauptarbeit hat die Maschine schon für Sie bewältigt.

Knetschüssel

Wer keine Küchenmaschine benutzen möchte, braucht eine grosse flache Schüssel, in der der Teig gemischt und geknetet werden kann und in die er zum Gehen zurückgelegt wird, nachdem er auf der Arbeitsplatte noch kräftig durchgeknetet wurde. Vorteilhaft ist eine Schüssel aus Ton (S. 19), weil das Material die Temperatur so gut hält, die der Teig zum Gehen braucht. Ebensogut ist Holz, notfalls geht auch eine Schüssel aus Metall oder Kunststoff.

Backformen

Am bekanntesten ist das Kastenbrot, das in der länglichen Kastenform gebacken wird. Ich habe beste Erfahrungen mit stabilen Schwarzblechformen gemacht, die es im Bäkker-Ausrüstungsgeschäft zu kaufen gibt. Die Form sollte oben etwas weiter sein als am Boden, dann löst sich das fertige Brot leichter heraus. Beste Grösse für ein 1000-g-Brot ist 30 cm × 14 cm bei einer Höhe von etwa 10 cm (Seite 19). Die Form wird zuerst gefettet und anschliessend noch mit Mehl ausgestreut. Als Notbehelf können zum Brotbacken benutzt werden: Königskuchenform, Römertopf, Steingutbackformen, für ein besonders grosses Brot ein teflonbeschichteter Entenbräter (z. B. vom Hersteller Fissler), Back- und Auflaufformen aus feuerfestem Glas oder Porzellan, Blechdosen (Seite 61).

Gehkörbe

Möchten Sie Knetteigbrote backen, die ohne Form auf das Backblech kommen, so legen Sie zum letzten Gehen vor dem Backen die bemehlten Teiglaibe in entsprechend grosse Körbchen (Seite 19) und decken Sie sie mit einem Tuch ab. Der Teiglaib wird nach dem Gehen so auf das gefettete Backblech gestürzt, dass die Unterseite nach oben kommt. Sie wird das Muster aufweisen, das sie vom Korb angenommen hat und gibt dem Brot eine hübsche Oberseite

(Seite 43). Diese Körbe bekommt man ebenfalls beim Bäkkerei-Ausrüstungsgeschäft oder auch in Boutiquen und Haushaltgeschäften.

Teigthermometer

Ein Thermometer (Seite 19) ist anfangs sehr zweckmässig. Die erwünschte Temperatur der Backflüssigkeit von 30–40 Grad kann man notfalls schätzen, aber manchmal möchte man gern die Temperatur des zum Gehen gestellten Teiges genau messen, besonders wenn er einmal nicht rege arbeitet.

Kleinteile

Empfehlenswert sind ein Mehlsieb (Seite 19) zum hauchdünnen, aber gleichmässigen Bestreuen der geformten Teiglaibe mit Mehl (der Bäcker macht das mit einem durchlässigen Mehlbeutel), Teigschaber, Messbecher, Küchentücher zum Abdecken, Fettpinsel, Plastikfolie zum Abdecken bei Sauerteiggärung.

Mehltypen

Weizen und Roggen

Unsere Mehlsorten sind auf der Originalpackung mit einer Typenzahl versehen. Diese Zahl ist die Menge an Mineralstoffen in Milligramm, die nach der Veraschung von 100 g des jeweiligen Mehls übrigbleibt. Je höher also die Typenzahl des Mehles ist, desto mehr Mineralstoffe enthält es, desto gesünder ist es. Unser normales Auszugsmehl, das feinste und weisseste Mehl, Typ 405, hat also nur 405 Milligramm Mineralstoffe. Die mineralstoffhaltigen Mehltypen sind etwas dunkler. Es gibt:
Weizenmehl Typ 405, 550, 630, 750, 1050, 1700 (Schrot).
Roggenmehl Typ 815, 997, 1050, 1150, 1370, 1800 (Schrot).
Weizenmehl besitzt viel quellfähiges Eiweiss, den sogenannten Kleber, dessen Elastizität ein gutes Backergebnis bewirkt.

Vollkornmehl und anderes

Vollkornmehl kann aus allen Getreidearten hergestellt werden. Man mahlt es am besten direkt vor dem Backen oder lässt es in kleinen Mengen in einem Mühlenbetrieb mahlen. Es sollte in gemahlenem Zustand nicht lange aufbewahrt werden, da es zunehmend an Qualität verliert.
Gerste erfordert für ein gutes Backergebnis eine Mischung mit dem kleberreichen Weizenmehl. Dann eignen sich, am besten immer in Verbindung mit Weizenmehl, weiterhin zum Backen: Maismehl, Hafermehl, Buchweizenmehl, Hirsemehl, Reismehl, notfalls auch Grünkernmehl und Mehl aus getrockneten Esskastanien. (Diese Erfahrung machte ich in einem Jahr, als unsere Bäume besonders grosse Erträge brachten; spezielle Rezepte dafür erscheinen in «Mein Inselkochbuch», das voraussichtlich 1983 im AT-Verlag erscheint.)

Das Hefebrot

Allgemeines über Hefe und Hefebrot

Hefe

Die Hefe ist uns als Triebmittel zum Backen von Kuchen und Brot bekannt. Es handelt sich um die Backhefe. Ausserdem gibt es zahlreiche andere Heferassen, von denen einige kultiviert und zur Herstellung von Wein, Bier, Käse usw. eingesetzt werden. Biologisch gehört die Hefe zu den Pilzen, in diesem Falle zu mikroskopisch kleinen einzelligen Hefepilzen, die unter Erzeugung von Eiweissstoffen die erwünschte Gärung, das Gehen des Teiges, bewirken.

Handelsübliche Hefesorten

Hefe wird in frischer Form meist in Originalpäckchen angeboten. Ein solcher Würfel (wegen der Form auch Presshefe genannt) wiegt 42 Gramm. Diese Frischhefe hält sich kühl gelagert 2–3 Wochen. Dann gibt es Trockenhefe in verschiedenen Formen: einmal als Pulver und einmal als kleine Kügelchen (ähnlich Senfkörnern). Auf den Originalpackungen ist die Haltbarkeitsdauer angegeben, die etwa mit einem Jahr beziffert wird. Mit der perligen Trockenhefe arbeite ich allerdings bereits seit 2 Jahren, ohne dass die Triebkraft nachgelassen hätte. Beide Hefesorten, frisch oder trocken, wirken gleich gut.

Eignungsprobe

Wenn man nicht genau beurteilen kann, ob die Hefe noch triebfähig ist, verrührt man einen kleinen Teil davon mit etwas lauwarmem Wasser. Nach 10 Minuten müssen sich kleine Bläschen bilden, dann ist die Hefe brauchbar.

Temperaturen

Mit anderen Pilzen gemeinsam hat die Hefe die Eigenschaft, Kälte gut zu vertragen, Hitze dagegen nicht. Bei 60 Grad stirbt die Hefe ab. Auf über 45 Grad sollte man weder die Flüssigkeit zum Teigansatz erwärmen noch den Teig selbst. Die günstigste Temperatur für die Teigentwicklung (Seite 16) liegt zwischen 26 und höchstens 30 Grad.

Hefe oder Hefeteig einfrieren

Da die Hefe Kälte gut verträgt, kann sie in jedem Zustand tiefgefroren werden: entweder frische Presshefe oder der mit Hefe angesetzte, noch nicht gegangene oder bereits gegangene Teig. Nach dem späteren Auftauen wird der Arbeitsgang dort wieder aufgenommen, wo er unterbrochen worden war. Im Gegensatz zu anderen Angaben habe ich tiefgefrorene Frischhefe nicht in doppelter Menge benutzt, sondern mit der üblichen die gleichen Resultate erzielt wie bei ungefrorener Presshefe.

Hefemengen

Bei frischer Hefe (Presshefe) rechnet man den Originalwürfel von 42 Gramm auf 500 Gramm Mehl oder Schrot. Meine Erfahrungen mit Trockenhefe haben ergeben, dass 1 Teelöffel voll (= etwa 5 Gramm) für 500 Gramm Mehl oder Schrot benötigt wird.

Ein wenig ist die Hefemenge von den weiteren Zutaten abhängig (Zucker, Salz, Mehlsorten usw.). Da Hefe nichts verderben kann und keinen aufdringlichen Geschmack abgibt, kann sie bis zur doppelten Menge verwendet werden.

Zucker

Zucker in geringer Beimischung fördert die Hefewirkung und sollte daher für jedes Brot vorgesehen werden. Ein Teelöffel auf 1000 Gramm Mehl oder Schrot beeinflusst den Geschmack nicht, sondern dient lediglich zur Unterstützung der Hefe.

Honig

Honig hilft ebenfalls, die Hefepilze zu vermehren und die Treibkraft zu fördern. Ein Teelöffel auf 1000 Gramm Mehl ist ein mittleres Mass und kann bis zu einem Esslöffel erhöht werden.

Salz

Salz wird einerseits als Geschmackszutat bei jedem Brot erwünscht sein, andererseits unterdrückt es eine zu schnelle Gärung des Teiges. Ein Übermass an Salz ist für die Hefe hingegen schädlich. Mittleres Mass: 1 Esslöffel Salz auf 1000 Gramm Mehl oder Schrot.

Welche Getreide kann man mit Hefe treiben?

Hefe ist als Triebmittel nicht nur für das gängige Mehl aller Typen zu verwenden, sondern auch für selbst gemahlenes Vollkornmehl. Es empfiehlt sich, bei höheren Mehltypen als 550, bei grösseren Roggenmehlzugaben und auch bei grobem Schrot die Hefemenge auf das Eineinhalbfache zu erhöhen, um die gleichen kurzen Gehzeiten zu erzielen. Mit der Normalmenge an Hefe würden sich diese Gehzeiten etwas verlängern.

Hefebrot

Das Hefebrot unterscheidet sich wesentlich vom Sauerteigbrot. Die Hefewirkung ist mehr ein schnelles Treiben als eine ausgiebige Gärung. Der Geschmack des Getreides wird nicht umgewandelt wie bei der Sauergärung durch Sauerteig. Daher schmeckt Hefebrot ziemlich neutral (wenn nicht Gewürze zugegeben wurden). Es ist sehr lokker und luftig, da es meist mit Auszugsmehl (Typ 405) gebacken wird, und gilt als Brot für süssen Aufstrich (Marmelade, Honig usw.), oder es wird getoastet. Für längere Aufbewahrung ist Hefebrot nicht geeignet, da es schnell austrocknet und zäh wird.

Hefebrot einfrieren

Möchte man mit Hefe Vorratsbrot backen, empfiehlt sich das Einfrieren. Dazu lässt man das fertig gebackene Brot erst auskühlen und schneidet es ein paar Stunden später in Scheiben, die in Plastikbeuteln oder -behältern eingefroren werden. Dann kann man später die gewünschte Scheibenzahl entnehmen und auftauen lassen und hat immer frisches Brot.

Resteverwertung

Ist das Weizen-Hefebrot angetrocknet und nicht mehr schmackhaft, schneidet man es in Scheiben und lässt es an einem warmen Platz gut durchtrocknen, damit es haltbar wird. Ausser zu Semmelbröseln, Knödelbrot usw. kann es auch für die süsse Füllung eines neuen Brotes dienen (S. 32).

Die Brotherstellung mit Hefeteig

Arbeitsgänge in Kurzform

- Zutaten zusammenrühren oder -kneten
- Teig gehen lassen
- durcharbeiten und formen (oder in Kastenform geben)
- gehen lassen
- backen

Wärme, Wärme und nochmals Wärme

Warm braucht es der Hefeteig, dann werden Sie Ihre Freude an ihm haben. Bei der richtigen Temperatur kann man die Uhr stellen und ausrechnen, wann das Brot fertig ist, nämlich nach: 30 Minuten (1. Gehen) + 20 Minuten (2. Gehen) + 30 Minuten (Backen) = 80 Minuten. Und ohne Tricks oder sonstige triebfördernde Zusätze. Um das zu erreichen, muss schon das Mehl oder Getreide in einem warmen Raum aufbewahrt werden wie auch die Knetschüssel oder die Rührschüssel der Küchenmaschine. Geht man davon aus, dass die günstigste Temperatur von 26 Grad im anzusetzenden Teig erhalten bleiben soll und die Zutaten etwa 20 Grad warm sind, so wird man die nötige Flüssigkeit (Wasser, Milch) auf etwa 35 Grad erwärmen (Thermometer ist hier angebracht).

Erst die Flüssigkeit

Bei der Küchenmaschine ist die Reihenfolge: erst die Flüssigkeit, dann das Mehl. Ich behalte diese Reihenfolge auch bei der Benutzung der Knetschüssel bei, da sich Mehl nach und nach sehr gut einarbeiten lässt, während es sehr schwierig ist, in einen zu festen, batzigen Teig Flüssigkeit einzuarbeiten. Ich nehme sogar die Hälfte der Flüssigkeit, um die Hefe mit etwas Mehl zusammen zu verrühren. Danach gebe ich den Rest der Flüssigkeit, Salz und Zukker hinzu, damit sie sich gut auflösen und im Teig gleichmässig verteilen. Dann wird nach und nach das Mehl eingearbeitet, bis die gewünschte Festigkeit erreicht ist. Ein Teig, der in der Kastenform gebacken werden soll, darf ein wenig weicher sein. In den Teig, der ohne Form auf dem Backblech gebacken werden soll, muss auf der Arbeitsplatte noch so viel Mehl eingeknetet werden, bis er nicht mehr an den Händen oder der Arbeitsplatte klebt.

Flüssigkeitsmenge

Die Flüssigkeitsmenge variiert bei jedem Mehltyp und besonders bei Vollkornmehl der verschiedenen Feinheitsgrade. Ein ungefähres Mass ist:
auf 1000 g Mehl 500–550 ccm Flüssigkeit (1 ccm = 1 g)
auf 1000 g Vollkornmehl 700–750 ccm Flüssigkeit

Das Gehen

Der Teig muss vor dem Backen zweimal gehen. Knetteig wird zum Ballen geformt, bemehlt und zum Gehen in die Knetschüssel zurückgelegt. Rührteig verbleibt zum ersten Gehen in der Rührschüssel der Küchenmaschine. Der Teig wird mit einem Tuch abgedeckt, das die Temperatur halten hilft und vor Zugluft und Austrocknung schützt. Ist der Raum gut warm (über 20 Grad), wird der Teig von selbst gehen. Andernfalls schafft man sich ein warmes Plätzchen, vielleicht auf dem Herd, indem man einen Topf mit heissem Wasser zum Teig stellt. Der unbeheizte Backofen gibt ebenfalls einen guten Gärraum ab, wenn man mit dem Teig zusammen eine kleine Nachttischlampe mit einer 25- oder 40-Watt-Birne hineinstellt. Die unterste Heizstufe des Herdes wäre für das Gehen schon zu hoch. Das Gehen des Teiges ist die sicherste Kontrolle für Sie, dass mit dem Brot alles in Ordnung ist und es etwas werden muss. Geht der Teig nicht oder nur mangelhaft, so hat es keinen Zweck, ihn zum Backen einzuschieben, er kann dann kein lockeres Brot werden. In solchen Fällen den Teig etwas wärmer stellen oder ihm noch mehr Zeit geben, auf jeden Fall abwarten, bis er sich verdoppelt hat. Er kann durch längeres Stehen nicht schlecht werden. Manchmal hilft dem trägen Teig auch, dass man ihn noch einmal zusammenschlägt und durchknetet. Auch mehrmaliges Durchkneten in Intervallen von 10 Minuten fördert die Triebkraft sehr gut. Ist ein gehender Teig einmal vernachlässigt worden und übergegangen – also mehr als das Doppelte gestiegen und viel zu luftig oder schon wieder zusammengefallen –, so wird er ebenfalls noch einmal durchgeknetet und erneut zum Gehen gestellt. Hefeteig ist nicht empfindlich. Angenommen, mit dem Teig war alles in Ordnung, dann hat er sich nach etwa 30 Minuten verdoppelt. Er wird nochmals durchgeknetet, geformt, bemehlt und in ein Gehkörbchen gelegt, aus dem der Teiglaib dann auf das gefettete Backblech gestürzt wird (Seiten 19/43). Rührteig wird nach dem ersten Gehen mit der Küchenmaschine durchgearbeitet, bis er langreissend vom Knethaken fällt (Seite 19), und zum zweiten Gehen in die gefettete und bemehlte Kastenform gefüllt. Das zweite Gehen dauert etwa 20 Minuten.

Das Backen

Den Backofen auf grösster Heizstufe 15 Minuten vorheizen. 5 Minuten nach dem Einschieben des Brotes auf Mittelhitze herunterschalten. Brot wird auf den unteren Schienen gebacken, Brötchen und anderes Kleingebäck auf mittlerer Schiene. Hefebrot ist schneller fertig als Sauerteigbrot, zumal mit Hefe meist kleinere Brote gebacken werden. Hefebrote können nach 20 Minuten das erstemal kontrolliert werden, Kleingebäck eher. Das Brot ist fertig, wenn es beim Beklopfen der Unterseite hohl klingt. Zu dieser Probe wird Kastenbrot aus der Form gekippt, ist es noch nicht ganz gar, wird es ohne Form für ein paar Minuten in den Backofen zurückgestellt.

Bildfolge zur Herstellung von Hefebrot

1. In der Knetschüssel oder der Rührschüssel der Küchenmaschine die Hefe mit etwa der Hälfte der bereitgestellten Flüssigkeit und einem Teil des Mehls zu einem klümpchenfreien Brei verrühren.

2. Die restliche Flüssigkeit anschütten, Salz und Zucker dazugeben, und nach und nach das übrige Mehl einarbeiten.

3. Den Teig auf die bemehlte Arbeitsplatte heben und noch so viel weiteres Mehl darunterkneten, bis der Teig weder an der Arbeitsplatte noch an den Händen klebt. Zu einem Ballen formen, mit etwas Mehl bestäuben und in der Schüssel mit einem Tuch bedeckt gehen lassen.
   Rührteig für Kastenformbrot hat die richtige Festigkeit, wenn er schwerreissend vom Knethaken der Küchenmaschine fällt. Er kann zum ersten Gehen gleich in der Rührschüssel verbleiben, mit einem Tuch gut abgedeckt.

4. Nach etwa 30 Minuten sollte sich der Teig verdoppelt haben. Kurz durchkneten beziehungsweise mit der Küchenmaschine durcharbeiten.

5. Die gewünschten Brotlaibe formen und zum zweiten Gehen gut bemehlt mit der glattesten Seite nach unten in Gehkörbchen legen oder mit der glatten Seite nach oben auf das gefettete Backblech setzen. Rührteig in die gefettete und bemehlte Kastenform gleiten lassen und abdecken. Nach 20 Minuten wird sich der Teig wiederum verdoppelt haben. Der rechte Teiglaib ist mit einer Mischung aus Eigelb und Milch zu gleichen Teilen bestrichen und eingeschnitten, bevor er in den gut vorgeheizten Backofen eingeschoben wird.

6. Das Brot ist fertig, wenn es beim Beklopfen der Unterseite hohl klingt. Zu dieser Probe das Kastenbrot aus der Form stülpen: ist es noch nicht ganz gar, ohne Form in den Backofen zurückstellen und noch ein paar Minuten backen.

1

2

3

4

5

6

Einfaches Weissbrot

Hefebrot

1000 g Weizenmehl
80 g Frischhefe
oder 2 Teelöffel
Trockenhefe
ca. 500 ccm Wasser
(35–38 Grad)
1 Esslöffel Salz
1 Teelöffel Zucker

reicht für 2 Brote
oder 20 Brötchen

In der Knetschüssel oder der Rührschüssel der Küchenmaschine die Hefe mit etwa der Hälfte des bereitgestellten Wassers und einem Teil des Mehls zu einem klümpchenfreien Brei verrühren. Das restliche Wasser anschütten, Salz und Zucker dazugeben und nach und nach das übrige Mehl einarbeiten. Den Teig auf die bemehlte Arbeitsplatte heben und noch so viel weiteres Mehl darunterkneten, bis der Teig weder an der Arbeitsplatte noch an den Händen klebt. Zu einem Ballen formen, mit etwas Mehl bestäuben und in der Schüssel mit einem Tuch abgedeckt gehen lassen. Nach etwa 30 Minuten sollte sich der Teig verdoppelt haben. Kurz durchkneten, zwei Brotlaibe formen, bemehlen und abgedeckt im Gehkörbchen das zweitemal gehen lassen oder zum Gehen auf das gefettete Backblech setzen.

Rührteigbrot braucht nicht ganz so trockengeknetet zu werden und darf weicher sein. Den Teig etwas vorformen und zum zweiten Gehen in die gefettete und bemehlte Kastenform legen. Gegen Austrocknen der Oberfläche mit einem Tuch abdecken. Nach etwa 20 Minuten wird sich der Teig wiederum verdoppelt haben.
Brot auf der unteren Schiene, Brötchen auf der mittleren Schiene einschieben.

Backtemperatur: Den Backofen 15 Minuten auf grösster Heizstufe vorheizen. Nach dem Einschieben für Brote 5 Minuten starke Hitze beibehalten, für Brötchen nur 2–3 Minuten, dann auf Mittelhitze herunterschalten.

Backzeit: Brot insgesamt 20–30 Minuten, Brötchen 15–20 Minuten.

Dieses Brot ist leicht und locker, sehr neutral im Geschmack, für Marmelade, Honig und anderen süssen Brotaufstrich geeignet. Es kann getoastet oder mit Butter in der Pfanne geröstet werden. Dank seiner Leichtigkeit für Diätkost geeignet.

Halbmilch-Weissbrot

auch mit Milch, Buttermilch, Molke

Hefebrot

1000 g Weizenmehl
80 g Frischhefe
oder 2 Teelöffel Trockenhefe
ca. 250 ccm Milch
ca. 250 ccm Wasser (35–38 Grad)
1 Esslöffel Salz
1 Esslöffel Zucker

reicht für 2 Brote oder 20 Brötchen

In der Knetschüssel oder der Rührschüssel der Küchenmaschine die Hefe mit etwa der Hälfte der bereitgestellten Flüssigkeit und einem Teil des Mehls zu einem klümpchenfreien Brei verrühren. Die restliche Flüssigkeit anschütten, Salz und Zucker dazugeben und nach und nach das übrige Mehl einarbeiten. Den Teig auf die bemehlte Arbeitsplatte heben und noch so viel weiteres Mehl darunterkneten, bis der Teig weder an der Arbeitsplatte noch an den Händen klebt. Zu einem Ballen formen, mit etwas Mehl bestäuben und in der Schüssel mit einem Tuch abgedeckt gehen lassen. Nach etwa 30 Minuten sollte sich der Teig verdoppelt haben. Kurz durchkneten, zwei Brotlaibe formen, bemehlen und abgedeckt im Gehkörbchen das zweitemal gehen lassen oder zum Gehen auf das gefettete Backblech setzen.

Rührteigbrot braucht nicht ganz so trockengeknetet zu werden und darf weicher sein. Den Teig etwas vorformen und zum zweiten Gehen in die gefettete und bemehlte Kastenform legen. Gegen Austrocknen der Oberfläche mit einem Tuch abdecken. Nach etwa 20 Minuten wird sich der Teig wiederum verdoppelt haben.
Brot auf der unteren Schiene, Brötchen auf der mittleren Schiene einschieben.

Backtemperatur: den Backofen 15 Minuten auf grösster Heizstufe vorheizen. Nach dem Einschieben für Brote 5 Minuten starke Hitze beibehalten, für Brötchen nur 2–3 Minuten, dann auf Mittelhitze herunterschalten.

Backzeit: Brot insgesamt 20–30 Minuten, Brötchen 15–20 Minuten.

Halbmilch-Weissbrot

Kleinbrote, aber auch Knüppel, Mohnbrötchen, Sesambrötchen, Kaisersemmeln, Salz- und Kümmelstangen und andere Brötchen lassen sich gut aus diesem Teig backen.

Karottenbrot

Hefebrot

1000 g Weizenmehl
80 g Frischhefe
oder 2 Teelöffel
Trockenhefe
ca. 500 ccm Milch
(35–38 Grad)
3 Teelöffel Salz
3 Teelöffel Zucker
50 g Butter
ca. 400 g Karotten

reicht für 2–3 Brote

In der Knetschüssel oder der Rührschüssel der Küchenmaschine die Hefe mit etwa der Hälfte der bereitgestellten Milch und einem Teil des Mehls zu einem klümpchenfreien Brei verrühren. Die restliche Milch anschütten, Salz, Zukker und die angewärmte Butter dazugeben, nach und nach das übrige Mehl und zum Schluss die grob oder fein geraspelten Karotten einarbeiten. Den Teig auf die bemehlte Arbeitsplatte heben und noch so viel weiteres Mehl darunterkneten, bis der Teig weder an der Arbeitsplatte noch an den Händen klebt. Zu einem Ballen formen, mit etwas Mehl bestäuben und in der Schüssel mit einem Tuch abgedeckt gehen lassen. Nach etwa 30 Minuten sollte sich der Teig verdoppelt haben. Kurz durchkneten, zwei bis drei Brotlaibe formen, bemehlen und abgedeckt im Gehkörbchen das zweitemal gehen lassen oder zum Gehen auf das gefettete Backblech setzen.
Rührteigbrot braucht nicht ganz so trockengeknetet zu werden und darf weicher sein. Den Teig etwas vorformen und zum zweiten Gehen in die gefettete und bemehlte Kastenform legen. Gegen Austrocknen der Oberfläche mit einem Tuch abdecken. Nach etwa 20 Minuten wird sich der Teig wiederum verdoppelt haben.
Brot auf der unteren Schiene einschieben.

Backtemperatur: Den Backofen 15 Minuten auf grösster Heizstufe vorheizen, nach dem Einschieben 5 Minuten starke Hitze beibehalten, dann auf Mittelhitze herunterschalten.

Backzeit: 20–30 Minuten.

Das Karottenbrot, nur mit Butter bestrichen, schmeckt vorzüglich zum Frühstück.

Karottenbrot

In der Kastenform gebacken; die gelbe Teigfarbe wird durch die Karottenzugabe bewirkt.

Hefefladen mit Speck und Zwiebeln

(ausnahmsweise aus 500 g Mehl, weil 3 Fladen so gut auf ein Backblech passen)

Hefebrot

500 g Weizenmehl
40 g Frischhefe
oder 1 Teelöffel
Trockenhefe
ca. 250 ccm Milch
(35–38 Grad)
1 Teelöffel Salz
1 Teelöffel Zucker
200 g durchwachsener
Speck
2 mittelgrosse Zwiebeln

reicht für 3 Fladen

In der Knetschüssel oder der Rührschüssel der Küchenmaschine die Hefe mit etwa der Hälfte der Milch und einem Teil des Mehls zu einem klümpchenfreien Brei verrühren. Die restliche Milch anschütten, Salz und Zucker dazugeben, nach und nach das übrige Mehl und zum Schluss die in der Pfanne angebratenen und ausgekühlten Speck- und Zwiebelwürfel einarbeiten. Den Teig auf die bemehlte Arbeitsplatte heben und noch so viel weiteres Mehl darunterkneten, bis der Teig weder an der Arbeitsplatte noch an den Händen klebt. Zu einem Ballen formen, mit etwas Mehl bestäuben und in der Schüssel mit einem Tuch abgedeckt gehen lassen. Nach etwa 30 Minuten sollte sich der Teig verdoppelt haben. Kurz durchkneten, drei Kugeln formen und auf dem gefetteten Backblech mit einem Tuch abgedeckt das zweitemal gehen lassen. Nach 20 Minuten wird sich der Teig wiederum verdoppelt haben. Vor dem Einschieben in den Backofen die Kugeln auf etwa 2–3 Zentimeter Höhe flachdrücken. Die Oberfläche mit einem scharfen Messer gitterförmig einschneiden.
Fladen auf der mittleren Schiene einschieben.

Backtemperatur: Den Backofen 15 Minuten auf grösster Heizstufe vorheizen, nach dem Einschieben 5–10 Minuten starke Hitze beibehalten, dann auf Mittelhitze herunterschalten.

Backzeit: insgesamt 20–30 Minuten.

Das Fladenbrot bietet viel Kruste und wenig Krume und kann gut zu Suppen und Eintöpfen gegessen werden. Aus dem Teig können auch Brötchen oder Stangen gebacken werden.

Hefefladen mit Speck und Zwiebeln

Fladenbrote werden gerne gitterförmig eingeschnitten.

Verschiedene Beigaben zu den vorangegangenen Teigarten

Den Brotteig nach einem der vorangegangenen Rezepte bereiten und Beigaben Ihrer Wahl aus den folgenden Vorschlägen zusetzen. Es ist möglich, das Brot auch durch zwei oder mehrere Beigaben zu verändern, zum Beispiel mit Joghurt und Leinsamen, mit Sirup und Ingwer usw. Die Beigaben werden auf 1000 g Mehl gerechnet.

Joghurt

Da Joghurt fast ausschliesslich Flüssigkeit darstellt und kaum feste Bestandteile besitzt, muss die beigegebene Joghurtmenge von der vorgeschriebenen Backflüssigkeit abgezogen werden. Auf die Menge der Joghurtbeigabe kommt es nicht so genau an, es darf nur die Backflüssigkeitsmenge nicht überschritten werden. Durch Joghurt wird die Krume etwas weicher, die Farbe der Brotkruste dunkler braun.

Quark

Auch Quark besteht zum grössten Teil aus Flüssigkeit, was bei der Backflüssigkeitsmenge berücksichtigt werden muss. Mehr als 500 g Quark sollten nicht zugegeben werden. Quark gibt dem Brot eine neue Geschmacksrichtung und lässt die Kruste brauner werden.

Käse

Bei einer Käsezugabe kommt es darauf an, welcher Effekt erzielt werden soll. Geriebener Käse wird Geschmack geben, aber im Brot nicht sichtbar sein. Würfel von Schweizer Käse, Gouda oder anderen Schnittkäsesorten schmelzen beim Backen, vermengen sich jedoch nicht mit dem Teig und geben dem fertigen Brot eine besondere Note. Versuche sollten mit 200 g Käse begonnen werden. Um dem Brot noch einen letzten Käse-Gag zu geben, können 5 Minuten vor Beendigung der Backzeit oder auch noch, wenn das Brot schon fertig ist, Käsescheiben obenauf gelegt werden, die beim Nachbacken in wenigen Minuten zerlaufen und dann ganz nach Wunsch noch weitergebacken werden können, bis sie knusprig sind.

Leinsamen

Bis zu 200 g Leinsamen, ganz oder geschrotet, können an das Brot gegeben werden. Gebacken schmecken sie, besonders in der Brotkruste, nussartig. Leinsamen enthalten viele lebenswichtige Vitamine und Spurenelemente, so dass die Beigabe zum Brot nur empfohlen werden kann. Leinsamen regulieren darüber hinaus auf natürliche Weise Verstopfungen.

Sesam

Bekannt ist das Bestreuen der Brötchen mit Sesam, aber auch im Brot mitgebacken schmeckt Sesam gut. 150–200 g können zugegeben werden.

Nüsse

Jede Art von Nüssen, gerieben, geraspelt oder ganz, kann dem Brot beigegeben werden. 150–200 g ist das mittlere Mass.

Schinken

Ähnlich wie der durchwachsene Speck in den Speckfladen (Seite 26) können 200 g roher oder gekochter Schinken, oder beide Sorten gemischt, in Würfel geschnitten zugegeben werden.

Zwiebeln und Knoblauch

Die Zwiebelringe oder -würfel werden vor der Zugabe in wenig Fett in der Pfanne angebräunt, so entwickeln sie mehr Aroma. 150–200 g ist das mittlere Mass. Knoblauchliebhaber werden es vielleicht auch einmal mit Knoblauch versuchen.

Pilze

Aromatische Pilze sind zur Beigabe geeignet (Pfifferling, Nelkenschwindling, Anischampignon, Krause Glucke usw.). Sie werden fein aufgeschnitten, mit wenig Fett in der Pfanne vorgeschmort und mit etwas Salz und Pfeffer gewürzt. Sind reichlich Pilze gesammelt worden, sollte das Rezept Flechtbrot mit Pilzfüllung (Seiten 31/33) vorgezogen werden.

Gewürze

Die beliebtesten Brotgewürze sind Kümmel, Fenchel, Anis und Koriander, die man auch gemischt in das Brot nehmen kann. Allerdings wird diese pikante Würzung bei Mischbroten mit Roggen vorgezogen (Seite 33). Wer für Ingwer schwärmt, kann dieses ausgefallene Brotgewürz im Weizenbrot probieren. Man rechnet jeweils 1 Teelöffel der Gewürze auf 1000 g Mehl.

Süsse Beigaben

Rosinen, Korinthen, Nüsse, Mandeln, und dann auch etwas mehr Zucker, geben dem Brot eine kuchenartige Note. Zitronat und Orangeat lassen es mit Fettzugabe und Ei zu einem Stollen werden.

Sirup

150–200 g Rübensirup oder Malzextrakt geben dem Brot Farbe und würzen es in Richtung Pumpernickel. Der Teig wird durch diese Zugabe ziemlich klebrig und ist günstiger in der Kastenform zu backen.

Feines Milch-Weissbrot

vielseitig verwendbar

Hefebrot

1000 g Weizenmehl
80 g Frischhefe
oder 2 Teelöffel
Trockenhefe
ca. 500 ccm Milch
(35–38 Grad)
1 Esslöffel Salz
1 Esslöffel Zucker
50 g Butter
oder Margarine
1 Ei

reicht für 2 Brote

In der Knetschüssel oder der Rührschüssel der Küchenmaschine die Hefe mit etwa der Hälfte der bereitgestellten Milch und einem Teil des Mehls zu einem klümpchenfreien Brei verrühren. Die restliche Milch anschütten, Salz und Zucker, das Ei und die angewärmte Butter dazugeben und nach und nach das übrige Mehl einarbeiten. Den Teig auf die bemehlte Arbeitsplatte heben und noch so viel weiteres Mehl darunterkneten, bis der Teig weder an der Arbeitsplatte noch an den Händen klebt. Zu einem Ballen formen, mit etwas Mehl bestäuben und in der Schüssel mit einem Tuch abgedeckt gehen lassen. Nach etwa 30 Minuten sollte sich der Teig verdoppelt haben. Kurz durchkneten, zwei Brotlaibe formen, bemehlen und abgedeckt im Gehkörbchen das zweitemal gehen lassen oder zum Gehen auf das gefettete Backblech setzen.
Rührteigbrot braucht nicht ganz so trockengeknetet zu werden und darf weicher sein. Den Teig etwas vorformen und zum zweiten Gehen in die gefettete und bemehlte Kastenform legen. Gegen Austrocknen der Oberfläche mit einem Tuch abdecken. Nach etwa 20 Minuten wird sich der Teig wiederum verdoppelt haben.
Die Brote auf der unteren Schiene einschieben.

Backtemperatur: Den Backofen 15 Minuten auf grösster Heizstufe vorheizen, nach dem Einschieben 5 Minuten starke Hitze beibehalten, dann auf Mittelhitze herunterschalten.

Backzeit: 20–30 Minuten.

Dieser Teig eignet sich für freigeschobenes Brot, Kastenbrot, Brötchen, Stangen, Brezeln und Kleingebäck, aber auch für süsses und pikantes Flechtbrot, das nebenstehend abgebildet ist, und für weitere interessante Verarbeitungsmöglichkeiten, die Sie auf den Seiten 32 und 33 finden.

Pikantes Flechtbrot (Rezept S. 33)

Fleischfüllung und «Schnittmuster» der Teighülle. Glanz und Farbe des fertigen Brotes entstanden durch das Bepinseln mit Eigelb-Milch-Mischung vor dem Backen.

Weitere Rezepte zum vorangegangenen Hefebrotteig

Süsses Flechtbrot

Für die Füllung:

Weissbrotreste
1 Esslöffel Butter
2 Eier
2 Esslöffel Zucker
60 g Rosinen
60 g gemischtes Backobst
½ Zitronenschale, abgerieben
1 Messerspitze Zimt
100 g Nüsse

Frische Weissbrotreste – oder trockene, in Milch geweicht und gut ausgedrückt – mit der Butter, den Eiern, dem Zukker, den Rosinen, dem kleingeschnittenen Backobst, den gehackten Nüssen gut vermengen und mit dem Zimt und der Zitronenschale würzen. Falls sich Feuchtigkeit absetzt, Semmelmehl zugeben. Die Füllung auf den ausgerollten Teig legen und weiter verfahren wie beim pikanten Flechtbrot (Seite 33). Diese süsse Füllung geht nicht auf, da kein Treibmittel enthalten ist, und bietet einen interessanten Gegensatz zu der gegangenen Aussenhülle. Möchten Sie ein durch und durch lockeres süsses Brot, dann nehmen Sie vom Hüllteig etwas ab und arbeiten die Geschmackszutaten da hinein. Durch die enthaltene Hefe wird diese Füllung etwas gehen.

Berliner

Marmelade
Fett zum Ausbacken
Zucker zum Bestreuen

Den Brotteig nach Rezept Seite 30 bereiten und nach dem ersten Gehen zwei Rollen wirken. Dicke Scheiben abschneiden, jede zu einem kleinen Ball formen. Ein Loch bis zur Mitte hineindrücken, mit etwas Marmelade füllen, gut zusammendrücken und nochmals gehen lassen, bis sie doppelte Grösse angenommen haben. Dann in heissem Fett zu hellbrauner Farbe ausbacken. Nach dem Abtropfen in Zucker wälzen oder mit Puderzucker bestreuen. Nach Geschmack auch Zuckerguss aufstreichen.

Ringkrapfen

Fett zum Ausbacken
Zucker zum Bestreuen

Den Brotteig wie für Berliner bearbeiten und durch die Bälle mit dem Finger oder dem Stiel eines Rührlöffels ein Loch bohren und durch kreisförmiges Schleudern auf der Arbeitsplatte erweitern. Nach dem Gehen in Fett hellbraun ausbacken, herausheben und in Zucker wälzen.

Gefüllte Dampfbrötchen

Füllung nach Wahl

Brotteig nach Rezept Seite 30 aus 500 g Mehl herstellen. Nach dem ersten Gehen eine dicke Rolle wirken und Scheiben abschneiden. Auf ca. 10 cm Durchmesser ausrollen. In die Mitte einen gehäuften Esslöffel voll Füllung setzen, den Teig rundum mit Wasser bestreichen und eine zweite Teigplatte drauflegen und gut andrücken. Gehen

lassen und im Dampftopf (Schnellkochtopf) 5–6 Minuten auf dem gelochten Einsatz über etwas Wasser garen.
Als Füllung ist jede Mischung geeignet, die schon fast gar ist (Fleischreste fein gehackt oder durch den Fleischwolf getrieben, gewürztes Hackfleisch oder Bratwurstfüllung, Reste von Brat-, Koch- oder Räucherfisch, geschmorte Pilze, Spinat und anderes Gemüse) oder solche Füllung, die kein Garwerden erfordert (gehacktes Backobst mit Nüssen oder Mandeln, gekochte Eier, gehackt und mit Sardellen vermischt, Käsemischungen, Kräuterquark usw.).

Pikantes Flechtbrot (Foto Seite 31)

Für die Füllung:

500 g Hackfleisch
1 grosse Zwiebel
2 Eier
1 Teelöffel Salz
1 Messerspitze Pfeffer
½ Teelöffel Paprikapulver, edelsüss
½ frische Paprika
1–2 Esslöffel Tomatenmark
evtl. Semmelmehl

Das Hackfleisch mit der feingewürfelten Zwiebel, den Eiern, dem Salz und Pfeffer, dem Paprikapulver, der feingehackten frischen Paprika und dem Tomatenmark gut mischen. Eventuell etwas Semmelmehl zugeben, falls sich Flüssigkeit aus der Fleischmasse absetzt.
Den Brotteig nach Rezept Seite 30 herstellen, ausrollen und den Fleischteig auflegen wie auf Foto Seite 31 gezeigt wird. Die überstehende Randpartie gemäss Foto in Streifen schneiden und abwechselnd übereinanderlegen, wodurch das Flechtmuster entsteht. Das schmale Anfangs- und Schlussstück des Teiges kann untergeklappt werden, bevor die Seitenstreifen darübergelegt werden. Das Brot zum Gehen noch etwas warmstellen und vor dem Backen mit einem Gemisch aus Eigelb und Milch zu gleichen Teilen bestreichen.
Backtemperatur: Backofen auf höchster Heizstufe 15 Minuten vorheizen, beim Einschieben des Brotes auf Mittelhitze zurückschalten.
Backzeit: ca. 40 Minuten.

Flechtbrot mit Pilzfüllung

Für die Füllung:

1 Esslöffel Öl
100 g durchwachsener Speck
1 grosse Zwiebel
500 g Pilze
1 Teelöffel Salz
1 Messerspitze Pfeffer
½ Teelöffel Kümmel
2 Eier
1–2 Esslöffel Semmelmehl
Petersilie

Das Öl in der Pfanne erhitzen und den feingewürfelten Speck darin hellbraun anbraten, die gehackte Zwiebel zufügen und glasig dünsten. Die Pilze möglichst ohne zu waschen sauber putzen und fein aufschneiden und mit dem Salz und dem Pfeffer in die Pfanne geben. Schmoren, bis der Saft verdunstet und dann auskühlen lassen. Mit den Eiern, dem Kümmel und der gehackten Petersilie durcharbeiten und so viel Semmelmehl zugeben, dass sich keine Flüssigkeit absetzt. Dann die Masse auf den ausgerollten Teig legen und weiter verfahren wie beim pikanten Flechtbrot.

Süsses Brot

Hefebrot

1000 g Weizenmehl
80 g Frischhefe
oder 2 Teelöffel
Trockenhefe
ca. 500 ccm Milch
(35–38 Grad)
1 Esslöffel Salz
2 Esslöffel Zucker
50 g Butter oder Margarine
60 g Rosinen

reicht für 2–3 Brote

In der Knetschüssel oder der Rührschüssel der Küchenmaschine die Hefe mit etwa der Hälfte der bereitgestellten Milch und einem Teil des Mehls zu einem klümpchenfreien Teig verrühren. Die restliche Milch anschütten, Salz und Zucker, die angewärmte Butter und die Rosinen dazugeben und nach und nach das übrige Mehl einarbeiten. Den Teig auf die bemehlte Arbeitsplatte heben und noch so viel weiteres Mehl darunterkneten, bis der Teig weder an der Arbeitsplatte noch an den Händen klebt. Zu einem Ballen formen, mit etwas Mehl bestäuben und in der Schüssel mit einem Tuch abgedeckt gehen lassen. Nach etwa 30 Minuten sollte sich der Teig verdoppelt haben. Kurz durchkneten und den Broten die gewünschte Form geben. Den Zopf und das runde Brot auf dem gefetteten Backblech gehen lassen, das Kastenbrot in der gefetteten und bemehlten Form, mit einem Tuch abdecken. Nach etwa 20 Minuten wird sich der Teig wiederum verdoppelt haben. Den Zopf vor dem Einschieben in den Backofen mit einer Mischung aus Eigelb und Milch bestreichen. Das runde Freigeschobene mit einem scharfen Messer über die ganze Oberfläche einmal einschneiden.
Die Brote auf der unteren Schiene einschieben.

Backtemperatur: Den Backofen 15 Minuten auf grösster Heizstufe vorheizen, nach dem Einschieben 5 Minuten starke Hitze beibehalten, dann auf Mittelhitze herunterschalten.

Backzeit: 20–30 Minuten.

Wie das Foto zeigt, kann das Brot noch heiss mit Zuckerguss glasiert und zusätzlich mit Mandelblättchen bestreut werden. Von dem Teig können auch Brötchen, die sogenannten Kuchenbrötchen, gebacken werden.

Süsses Brot

Zopf vor dem Backen mit Eigelb-Milch-Mischung bestrichen. Freigeschobenes mit Zuckerguss. Kastenbrot mit Zuckerguss und Mandelblättchen.

Weizen-Hirse-Brot

Hefebrot

150 g Hirse
500 ccm Wasser
500 g Weizenmehl
40 g Frischhefe
oder 1 Teelöffel
Trockenhefe
1 Esslöffel Salz
1 Teelöffel Zucker
evtl. Rosinen

reicht für 2 Brote

Die Hirse mit dem Wasser zum Kochen bringen und bei kleinster Heizstufe gar quellen lassen (ca. 15 Minuten). Auf etwa 30 Grad abkühlen lassen und in der Knetschüssel oder der Rührschüssel der Küchenmaschine mit der Hefe zu einem klümpchenfreien Brei verrühren. Salz und Zucker dazugeben und nach und nach das Mehl einarbeiten. Den Teig auf die bemehlte Arbeitsplatte heben und noch so viel weiteres Mehl darunterkneten, bis der Teig weder an der Arbeitsplatte noch an den Händen klebt. Zu einem Ballen formen, mit etwas Mehl bestäuben und in der Schüssel mit einem Tuch abgedeckt gehen lassen. Nach etwa 30 Minuten sollte sich der Teig verdoppelt haben. Kurz durchkneten. Sind Rosinen als Beigabe erwünscht, werden sie jetzt mit eingeknetet. Diesem Brot sollte auch ein zusätzlicher Esslöffel Zucker beigegeben werden. Zwei Brotlaibe formen, bemehlen und abgedeckt im Gehkörbchen das zweitemal gehen lassen oder zum Gehen auf das gefettete Backblech setzen.
Rührteigbrot braucht nicht ganz so trockengeknetet zu werden und darf weicher sein. Den Teig etwas vorformen und zum zweiten Gehen in die gefettete und bemehlte Kastenform legen. Gegen Austrocknen der Oberfläche mit einem Tuch abdecken. Nach etwa 20 Minuten wird sich der Teig wiederum verdoppelt haben.
Die Brote auf der unteren Schiene einschieben.

Backtemperatur: Den Backofen 15 Minuten auf grösster Heizstufe vorheizen, nach dem Einschieben 5 Minuten starke Hitze beibehalten, dann auf Mittelhitze herunterschalten.

Backzeit: insgesamt 20–30 Minuten.

Dieses Brot mit Hirsezugabe ist dichter und saftiger in der Krume als reines Weizenbrot. Das gesüsste Brot mit Rosinen kann nach dem Backen einen Zuckerguss bekommen.

Weizen-Hirse-Brot

Freigeschobenes mit Rosinen und Zuckerguss; Kastenbrot.

Mein Übernachtbrot

Hefebrot

1000 g Weizenmehl
80 g Frischhefe
oder 2 Teelöffel Trockenhefe
ca. 500 ccm Wasser
1 Esslöffel Salz
1 Teelöffel Zucker

reicht für 2 Brote oder 20 Brötchen

In der Knetschüssel oder der Rührschüssel der Küchenmaschine die Hefe mit etwa der Hälfte des bereitgestellten Wassers und einem Teil des Mehls zu einem klümpchenfreien Brei verrühren. Das restliche Wasser anschütten, Salz und Zucker hinzugeben und nach und nach das übrige Mehl einarbeiten. Den Teig auf die bemehlte Arbeitsplatte heben und noch so viel weiteres Mehl darunterkneten, bis der Teig weder an der Arbeitsplatte noch an den Händen klebt. Zu einem Ballen formen, mit etwas Mehl bestäuben und in der Schüssel über Nacht an einem warmen Platz (etwa 23–24 Grad) stehen lassen. Während der langen Gehzeit gegen das Austrocknen der Oberfläche möglichst luftdicht mit Folie oder ähnlichem abdecken. Nach 5–6 Stunden hat die Hefe den Höhepunkt ihrer Treibkraft erreicht, und der Teig fällt wieder zusammen, was das beste Zeichen dafür ist, dass er jetzt in Sauergärung übergeht. Am Morgen wird er fein säuerlich riechen und mit Bläschen durchsetzt sein. Der aromatische Geschmack des fertigen Brotes wird Ihnen später bestätigen, dass es sich um ein echtes Sauerteigbrot handelt.
Den gesäuerten Teig gut durchkneten, den Broten die gewünschte Form geben, bemehlen und abgedeckt im Gehkörbchen das zweitemal gehen lassen oder zum Gehen auf das gefettete Backblech setzen.
Wie bei Sauerteigbrot üblich, braucht dieser Teig länger für das zweite Gehen als Hefeteig. Je nach Raumtemperatur kann es 2 Stunden dauern, bis sich der Teig wiederum verdoppelt hat.
Brot auf der unteren Schiene, Brötchen auf der mittleren Schiene einschieben.

Backtemperatur: Den Backofen 15 Minuten auf grösster Heizstufe vorheizen. Nach dem Einschieben für Brote 10–15 Minuten starke Hitze beibehalten, für Brötchen nur etwa 5 Minuten, dann auf Mittelhitze herunterschalten.

Backzeit: Brot 35–45 Minuten, Brötchen etwa 20 Minuten.

Dieses Brot ist dank der Sauergärung würziger und deftiger als gewöhnliches Hefebrot und gut geeignet für Belag wie Wurst und Aufschnitt, Käse jeder Art, aber auch für Quark und Hausmacherschmalz, Butteraufstrich, belegt mit Tomaten, Scheiben von Grüner Gurke, Rettich, oder bestreut mit gehackter Brunnenkresse.

Mein Übernachtbrot

Längliche Brötchen. Freigeschobenes, bemehlt, mit Mitteleinschnitt.

Strudel mit Schinkenfüllung

Hefebrot

300–400 g roher oder gekochter Schinken in Scheiben
1 Zwiebel
1 Esslöffel gemahlener Pfeffer
evtl. Kräuter (Majoran, Thymian, Bohnenkraut)

reicht für 2 Strudel

Einen Teig nach dem vorangegangenen Rezept «Mein Übernachtbrot» herstellen. Nach dem ersten Gehen zwei Rechtecke ausrollen (etwa 20 × 35 cm), mit den Schinkenscheiben belegen, mit grob gemahlenem Pfeffer, Zwiebelwürfeln und eventuell Kräutern würzen und von der schmalen Seite her aufrollen. Die letzten zwei Zentimeter Teig mit Wasser bestreichen und gut an die Rolle andrükken. Mit einem Tuch abgedeckt noch einmal gehen lassen, bis die Rolle doppelte Grösse angenommen hat. Auf dem gefetteten Backblech oder in der gefetteten und bemehlten Kastenform backen.
Die Schinkenrollen auf der unteren Schiene einschieben.

Backtemperatur: Den Backofen 15 Minuten auf grösster Heizstufe vorheizen. Nach dem Einschieben 10–15 Minuten starke Hitze beibehalten, dann auf Mittelhitze herunterschalten.

Backzeit: insgesamt 35–45 Minuten.

Dieser Schinkenstrudel ist eine kleine Mahlzeit für sich, wenn er mit Salat gereicht wird.

Deftige Weizen-Roggen-Brötchen

Hefebrot

500 g Weizenmehl
500 g Roggenmehl
100 g Frischhefe
oder 3 Teelöffel
Trockenhefe
550–600 ccm Wasser
(35–38 Grad)
1 Esslöffel Salz
1 Teelöffel Zucker

reicht für etwa 20 Brötchen
oder 2 Brote

In der Knetschüssel oder der Rührschüssel der Küchenmaschine die Hefe mit etwa der Hälfte des bereitgestellten Wassers und einem Teil des Mehls zu einem klümpchenfreien Brei verrühren. Das restliche Wasser anschütten, Salz und Zucker dazugeben, und nach und nach das übrige Mehl einarbeiten. Den Teig auf die bemehlte Arbeitsplatte heben und noch so viel weiteres Mehl darunterkneten, bis der Teig weder an der Arbeitsplatte noch an den Händen klebt. Zu einem Ballen formen, mit etwas Mehl bestäuben und in der Schüssel mit einem Tuch abgedeckt gehen lassen. Nach etwa 30 Minuten sollte sich der Teig verdoppelt haben. Kurz durchkneten, in vier Teile teilen, aus jedem Teil zunächst eine Rolle wirken, davon dicke Scheiben abschneiden und zu Brötchen formen. Zum Gehen auf das gefettete Backblech setzen und mit einem Tuch abdecken.
Auch aus diesem Teig kann Rührteigbrot hergestellt werden. Dafür braucht der Teig nicht ganz so trockengeknetet zu werden und darf weicher sein. Den Teig etwas vorformen und zum zweiten Gehen in die gefettete und bemehlte Kastenform legen, mit einem Tuch abdecken. Nach etwa 20 Minuten wird sich der Teig wiederum verdoppelt haben. Brot auf der unteren Schiene, Brötchen auf der mittleren Schiene einschieben.

Backtemperatur: Den Backofen 15 Minuten auf grösster Heizstufe vorheizen, Nach dem Einschieben für Brote 10 Minuten starke Hitze beibehalten, für Brötchen nur 5 Minuten. Dann auf Mittelhitze herunterschalten.

Backzeit: Brot insgesamt 35–45 Minuten, Brötchen 15–20 Minuten.

Nach diesem Rezept wird bekanntes Kleingebäck hergestellt, wie Schusterjungen, Kümmelringe, Salzlinge, Salzkuchen, Würzli usw., die zum Teil vor dem Backen mit Kümmel oder grobem Salz bestreut werden. Brot oder Brötchen aus diesem Teig schmecken besonders gut, da sie würzig sind, ohne direkt gewürzt zu sein.

Weizen-Roggen-Brot mit Gewürzen

Hefebrot

700 g Weizenmehl
300 g Roggenmehl
100 g Frischhefe
oder 3 Teelöffel
Trockenhefe
650–700 ccm Wasser
(35–38 Grad)
1 Esslöffel Salz
1 Teelöffel Zucker
100 g Schmalz
oder Margarine
je ein Teelöffel Kümmel,
Koriander, Fenchel, Anis,
evtl. Bockshornklee

reicht für ein grosses Brot

In der Knetschüssel oder der Rührschüssel der Küchenmaschine die Hefe mit etwa der Hälfte des bereitgestellten Wassers und einem Teil des Mehls zu einem klümpchenfreien Brei verrühren. Das restliche Wasser anschütten, Salz, Zucker, die Gewürze (Kümmel ganz, alle anderen gemahlen) dazugeben, das weiche Fett und nach und nach das übrige Mehl einarbeiten. Den Teig auf die bemehlte Arbeitsplatte heben und noch so viel weiteres Mehl darunterkneten, bis der Teig weder an der Arbeitsplatte noch an den Händen klebt. Zu einem Ballen formen, mit etwas Mehl bestäuben und in der Schüssel mit einem Tuch abgedeckt gehen lassen. Nach etwa 30 Minuten sollte sich der Teig verdoppelt haben. Kurz durchkneten, bemehlen und abgedeckt im Gehkorb das zweitemal gehen lassen oder zum Gehen auf das gefettete Backblech setzen.
Rührteigbrot braucht nicht ganz so trockengeknetet zu werden und darf weicher sein. Den Teig etwas vorformen und zum zweiten Gehen in die gefettete und bemehlte Kastenform legen. Gegen Austrocknen der Oberfläche mit einem Tuch abdecken. Nach etwa 20 Minuten wird sich der Teig wiederum verdoppelt haben. Das Brot auf der unteren Schiene einschieben.

Backtemperatur: Den Backofen 15 Minuten auf grösster Heizstufe vorheizen, nach dem Einschieben 15 Minuten starke Hitze beibehalten, dann auf Mittelhitze herunterschalten.

Backzeit: insgesamt 40–50 Minuten.

Dieses Brot können Sie auch auf andere Weise kräftig würzen, indem frische Kräuter, gehackt, beigegeben werden, wie Petersilie, Dill, Schnittlauch, Pfefferminze, Zwiebeln oder Knoblauch.

Weizen-Roggen-Brot mit Gewürzen

Freigeschobenes, bemehlt, im Korb gegangen. Gewürze von links nach rechts: Fencheldolden, Basilikumsaat gemahlen, Bockshornklee, Kümmel, Anis.

Freigeschobenes Weizenvollkornbrot

Hefebrot

1000 g Weizenschrot, mittelfein
100 g Frischhefe oder
3 Teelöffel Trockenhefe
650–700 ccm Wasser (35–38 Grad)
1 Esslöffel Salz
1 Teelöffel Zucker

reicht für 2–3 Brote

In der Knetschüssel oder der Rührschüssel der Küchenmaschine die Hefe mit etwa der Hälfte des bereitgestellten Wassers und einem Teil des Schrotes zu einem klümpchenfreien Brei verrühren. Das restliche Wasser anschütten, Salz und Zucker zugeben und nach und nach das übrige Schrot einarbeiten. Den Teig auf die bemehlte Arbeitsplatte heben und noch so viel weiteres Schrot darunterkneten, bis der Teig weder an der Arbeitsplatte noch an den Händen klebt. Zu einem Ballen formen, mit etwas Mehl bestäuben und in der Schüssel mit einem Tuch abgedeckt gehen lassen. Nach etwa 20 Minuten, noch bevor sich der Teig verdoppelt hat, diesen das erstemal durchkneten und wieder ruhen lassen. Das Durchkneten noch dreimal jeweils nach 10 Minuten wiederholen. Dann die gewünschten Brotlaibe formen, bemehlen und abgedeckt im Gehkörbchen das letztemal gehen lassen, bis sie sich wiederum verdoppelt haben (etwa 20–30 Minuten). Die gegangenen Teiglaibe so aus den Gehkörbchen auf das gefettete Backblech stürzen, dass die Unterseite jetzt nach oben kommt. Nach Wunsch mit Einschnitten versehen oder mit Ei/Milch bepinseln. Die Brote auf der unteren Schiene einschieben.

Backtemperatur: Den Backofen 15 Minuten auf grösster Heizstufe vorheizen, nach dem Einschieben 10 Minuten starke Hitze beibehalten, dann auf Mittelhitze herunterschalten.

Backzeit: insgesamt etwa 40 Minuten.

Sie können dieses Brot auch auf übliche Weise nur zweimal gehen lassen, aber versuchen Sie es gelegentlich einmal mit dem oben angegebenen turnusmässigen Durchkneten, das die Treibkraft merklich verstärkt.

Weizenvollkornbrot

Freigeschobenes, bemehlt, mit Mitteleinschnitt, vorne Freigeschobenes mit Glanz und Farbe durch Bepinseln mit Eigelb-Milch-Mischung vor dem Backen.

Vollkorntoast

Hefebrot

1000 g Weizenschrot, fein
80 g Frischhefe
oder 2 Teelöffel
Trockenhefe
650–700 ccm Milch
(35–38 Grad)
1 Esslöffel Salz
1 Teelöffel Zucker
50 g Butter
1 Ei

reicht für 2 Kastenbrote

In der Knetschüssel oder der Rührschüssel der Küchenmaschine die Hefe mit etwa der Hälfte der bereitgestellten Milch und einem Teil des Schrotes zu einem klümpchenfreien Brei verrühren. Die restliche Milch, Salz, Zucker, die weiche Butter und das Ei dazugeben und nach und nach das übrige Schrot einarbeiten. Mit einem Tuch abgedeckt gehen lassen, bis der Teig sich nach etwa 30 Minuten verdoppelt hat. Jetzt so lange kneten, bis er geschmeidig und elastisch ist; er braucht nicht ganz trockengeknetet zu werden. Zwei Laibe etwas vorformen und zum zweiten Gehen in die gefettete und bemehlte Kastenform legen. Wenn sich der Teig verdoppelt hat (nach etwa 20 Minuten), die Brote auf der unteren Schiene einschieben.

Backtemperatur: Den Backofen 15 Minuten auf grösster Heizstufe vorheizen, nach dem Einschieben 10 Minuten starke Hitze beibehalten, dann auf Mittelhitze herunterschalten.

Backzeit: insgesamt 20–30 Minuten.

Nach dem Auskühlen kann dieses Brot scheibenweise im Brotröster getoastet oder mit Butter in der Pfanne geröstet werden und ergibt einen kräftigeren Toast als aus Weizenmehl.

Das Sauerteigbrot

Allgemeines über Sauerteig und Sauerteigbrot

Sauerteig

Sauerteig ist nichts anderes als sauer gewordener, also gegorener Teig. Wir kennen das unbeabsichtigte «Sauerwerden» aus dem Haushalt, wenn Lebensmittel oder Essenreste vernachlässigt oder falsch aufbewahrt wurden und in Gärung übergegangen sind. Beim Sauerteig ist diese Gärung gewollt. Sie lässt sich durch vielerlei Beigaben herbeiführen, und wenn man lange genug wartet, gärt auch Mehl – besonders Roggenmehl – mit Wasser allein und ergibt den sogenannten Natursauer.

Käuflicher Sauerteig

Vielleicht gibt Ihnen Ihr Bäckermeister etwas Sauerteig ab, denn üblicherweise wird er nicht gehandelt.

Sauerteig selbst herstellen

Mit ganz gewöhnlichen Hilfsmitteln wie Hefe, Zucker und Honig habe ich eine Versuchsreihe angesetzt (Seiten 54/55) sowie auch mit Sekowa-Backferment, einem handelsüblichen Produkt. Das Rezept für Sauerteig ist sehr einfach: Auf 200 g Mehl etwa 220 ccm Wasser und einen Teelöffel des gewünschten Hilfsmittels geben (Hefe, Zucker oder Honig), bei Sekowa-Backferment habe ich nach Vorschrift der Lieferfirma einen Esslöffel voll genommen. An einem 30 Grad warmen Standort ist der Sauerteig spätestens nach 48 Stunden fertig, mit Hefezusatz auch schon nach 16 Stunden (siehe Versuchsreihe Seiten 54/55). Bei geringerer Temperatur verlängert sich die Herstellungsdauer etwas.

Restteig abnehmen

Haben Sie einmal Sauerteig selbst angesetzt oder beim Bäcker erworben, so benötigen Sie ihn nie wieder, denn Sie können vom jeweiligen gegangenen Brotteig eine halbe Tasse voll abnehmen und diesen Restteig beim nächsten Backen als Sauerteig einsetzen. Es findet durch die Zugabe einer kleinen Menge Sauerteig zum Brotteig ja nur eine Art Impfung statt, durch die jene Bakterien und Wildhefen entwickelt und dann vermehrt werden, die die Treibkraft, das Gehen des Teiges, erzeugen. Es ist ein ähnlicher Vorgang wie bei der Joghurtherstellung oder wie beim Ansetzen von Dickmilch. Gibt man ein wenig von der letzten Dickmilch zur frischen Milch, so säuert sie viel schneller.

Aufbewahrung

Sauerteig oder Restteig ist zweckmässig in einem Schraubglas im Kühlschrank über einige Tage zu lagern, wenn regelmässig in Abständen von ein bis zwei Wochen gebakken wird. Die Tabelle (Seite 54) zeigt, wie diese Ansätze auch nach vier Wochen mehr oder weniger einsatzfähig sind.

Einfrieren

Sauerteig lässt sich ohne Einbusse an Treibkraft einfrieren, zum Beispiel im Eiswürfelbereiter. Nach dem Auftauen wie üblich weiterverarbeiten. Auch der mit Sauerteig und allen Zutaten angesetzte Brotteig kann eingefroren werden. Nach dem Auftauen den Arbeitsgang dort wieder aufnehmen, wo er durch das Einfrieren unterbrochen wurde.

Tips und Tricks von mir persönlich, z. B. Trocknen...

Sauerteig lässt sich sogar trocknen. Ich habe diesen Versuch gemacht und beste Ergebnisse erzielt. Dazu den nach Rezept Seite 48 angefertigten ziemlich festen Sauerteig oder den Restteig vom letzten Brot in dünner Schicht auf ein Holzbrett streichen und trocknen lassen. Dann mit den Fingern krümelig verreiben oder mit einer Zerhacker-Küchenmaschine (zum Beispiel vom Hersteller Krups) fein zerkleinern und im Schraubglas bei Zimmertemperatur aufbewahren. Ein gehäufter Esslöffel davon reicht für 1000 g Mehl und wird einfach in die Backflüssigkeit eingerührt. Auch nach einigen Monaten habe ich bei diesem Trockensauerteig noch kein Nachlassen der Treibkraft festgestellt.

...und noch einfacher

Zunächst hatte ich herausgefunden, dass auch eine Scheibe Brot (Sauerteigbrot), mit etwas Wasser im Mixer breiig gerührt, Sauerteigwirkung besitzt. Dann ging ich noch weiter und trocknete eine Scheibe Sauerteigbrot und zerkleinerte sie in der Zerhacker-Küchenmaschine, damit eine bessere Verteilung im Teig möglich ist. Die Scheibe Brot ergab 2 Esslöffel voll «Sauerteiggranulat» und reichte aus, um Teig aus 1000 g Mehl wunderbar, und wie vom üblichen Sauerteig gewohnt, zu treiben. Das bedeutet, dass man sich von einem Kanten des letzten Brotes sogar einen kleinen Vorrat an Trockensauerteig anlegen kann. Und am allereinfachsten ist es, wenn Sie die Krümel sammeln, die beim täglichen Brotschneiden abfallen.

Eignungsprobe

Lässt sich nicht genau beurteilen, ob der Sauerteig noch Treibkraft besitzt, so rührt man ihn gut durch und stellt ihn warm (30 Grad). Er sollte kleine Bläschen entwickeln und etwas steigen. Dann kann er verwendet werden.

Aroma

Die Säuerung des Brotes durch Sauerteig bewirkt eine Veränderung des Geschmackes, ja überhaupt erst eine grundlegende Aromatisierung des Mehls. Daher schmeckt Sauerteigbrot viel kräftiger als Hefebrot, aber sicher nicht sauer, wie irrtümlich angenommen werden könnte. Die gewollte Geschmacksveränderung durch Säuerung

(Gärung) kennen wir aus dem Alltag zum Beispiel von Milch in Dickmilch, Quark und anderen Sauermilchprodukten, von Saft in Wein, von Weisskohl in Sauerkraut usw. Bei all diesen Beispielen schmeckt das Endprodukt immer ganz anders als das Ausgangsprodukt. Genauso ist es beim Brot aus Mehl oder Schrot der verschiedenen Getreidearten, das mit Sauerteig vergoren wurde.

Temperaturen und Gehzeiten

Die günstigste Teigtemperatur liegt bei 26 Grad. Da aber Sauerteigbrot länger zum Gehen braucht und zur vollen Aromaentwicklung auch länger gehen soll, wird es mit kaltem Wasser angesetzt und nicht sonderlich warmgestellt. In einem Raum von über 20 Grad wird die Gärung nach einigen Stunden einsetzen. Das erste Gehen benötigt 5–6 Stunden, das zweite Gehen etwa 2 Stunden.

Sauerteigmenge

Auf 1000 g Mehl kann als Mindestmass ein gehäufter Esslöffel voll Sauerteig gerechnet werden, wenn dieser ziemlich fest ist, wie es bei Restteig vom letzten Brot der Fall ist oder beim Sauerteigansatz nach dem Rezept Seite 48. Sauerteig kann bis auf 10% (oder noch mehr) der Getreidemenge erhöht werden, ohne dass der Geschmack des Teiges leidet. Wer den Sauerteig im Brot gern herausschmekken möchte, nimmt reichlich davon (auf 1000 g Mehl bis zu 500 g Sauerteig) oder lässt den mit weniger Sauerteig gegangenen Brotteig noch weitere 12–24 Stunden vor der Weiterverarbeitung stehen, dann gewinnt er an Säure.

Weitere Zutaten

Wie in den Rezepten angegeben, wird auch dem Sauerteigbrot etwas Hefe zugesetzt. Es empfiehlt sich Trockenhefe, weil davon problemlos immer ein kleiner Vorrat gehalten werden kann. Ein gestrichener Teelöffel voll (etwa 4 Gramm) reicht für 1000 g Mehl. Ein Teelöffel Zucker fördert die Entwicklung der Wildhefen des Sauerteiges wie auch der beigegebenen Backhefe, ein Esslöffel Salz gibt Geschmack und steuert die Gärzeit.

Welche Getreide können mit Sauerteig getrieben werden?

Alle üblichen Mehlsorten können mit Sauerteig getrieben werden. Bei reinem Roggenmehl oder Roggenschrotbroten ist Sauerteig unerlässlich, da Hefe nicht genügend Treibkraft dafür besitzt. In einen sauerteiggetriebenen Brotteig aus 1000 g Getreide können nach dem ersten Gehen bis zu 500 g Beigaben (gekochte Kartoffeln, Steckrüben, Esskastanien, Haferflocken, Backobst usw.) eingearbeitet werden; er lockert auch diese mit auf.

Sauerteigbrot

Das Sauerteigbrot ist kräftig im Geschmack und wird bevorzugt für Hausmacherschmalz, Käse, Wurst und sonstigen Aufschnitt. Wird es mit Kümmel, Koriander, Fenchel usw. gewürzt oder gar mit Mandeln oder Nüssen gebacken (Seite 70), schmeckt es mir am besten mit Butter (und die recht dick). Sauerteigbrot hält sich unangeschnitten bei luftiger Lagerung in einem kühlen Raum, also nicht in einem verschlossenen Gefäss oder im Kühlschrank, lange frisch. Angeschnittenes Brot mit der Schnittseite nach unten in einem deckellosen Steingutgefäss oder ähnlich ist etwa eine Woche haltbar. Je grösser das Sauerteigbrot ist, desto mehr entfaltet sich das Aroma. Daher möglichst 1000 g Mehl oder mehr nehmen.

Einfrieren des Brotes

Vorrat lässt sich gut einfrieren. Das Brot auskühlen lassen, in Scheiben schneiden und in Klarsichtbeuteln oder Gefriergefässen gut verschlossen einfrieren. Bei Bedarf die nötigen Scheiben abbrechen. Das Brot wird nach dem Auftauen wie frisch schmecken.

Resteverwertung

Ist Sauerteigbrot angetrocknet und nicht mehr schmackhaft, lässt sich Brotsuppe daraus herstellen. Sollen die Brotreste längere Zeit aufbewahrt werden, müssen sie ganz durchgetrocknet werden, damit sich kein Schimmel bilden kann.

Die Brotherstellung mit Sauerteig

Arbeitsgänge in Kurzform

- Zutaten und Sauerteig zusammenrühren oder -kneten
- Teig über Nacht gehen lassen
- durcharbeiten und formen (oder in Kastenform geben)
- gehen lassen
- backen

Temperaturen

Die Gärung durch den Sauerteig soll sich langsam entwikkeln, so dass nicht mit Wärme nachgeholfen wird wie bei Hefeteig. Die Flüssigkeit wird nicht angewärmt, es genügt Wasser aus der Leitung, bei Milch Zimmertemperatur. Es sollte versucht werden, die Temperatur von 26 Grad im Teig nicht zu überschreiten, sonst könnten Schönheitsfehler beim Backergebnis eintreten.

Reihenfolge der Backzutaten

Diese Reihenfolge hat sich bewährt und gewährleistet eine gute Verteilung aller Zutaten im Teig. Auch ein anderer Ansatz wird den Teig sicher nicht verderben. Zunächst den Sauerteig mit etwas der abgemessenen Backflüssigkeit verdünnen, und mit etwas Mehl zu einem klümpchenfreien Brei verrühren. Dazu die restliche Flüssigkeit giessen, Hefe, Zucker und Salz sowie die gewünschten Gewürze zufügen und nach und nach das Mehl unterarbeiten.

Flüssigkeitsmenge

Die Flüssigkeitsmenge variiert bei jedem Mehltyp und besonders bei Vollkornmehl der verschiedenen Feinheitsgrade. Ein ungefähres Mass ist: auf 1000 g Mehl 500–550 ccm Flüssigkeit (1 ccm ist ein Gramm), auf 1000 g Vollkornmehl 700–750 ccm Flüssigkeit. Rührteigbrot für die Backform kann etwas weicher gehalten werden als Knetteigbrot.

Das Gehen

Auch Teig mit Sauerteig als Treibkraft muss zweimal gehen, bevor er gebacken werden kann. Am günstigsten ist das erste Gehenlassen über Nacht, nachdem alle Zutaten am Abend zusammengerührt wurden. Den Teig gegen Austrocknung der Oberfläche gut abdecken, entweder mit Klarsichtfolie direkt auf dem Teig angedrückt oder durch Auflegen eines passenden Deckels, Tellers o.ä. auf das Gefäss, in dem der Teig ruht. Die Raumtemperatur muss 20 Grad oder etwas mehr betragen, dann wird sich der Teig bis zum nächsten Morgen fast verdoppelt haben, wird luftig und mit Bläschen durchsetzt sein und fein säuerlich riechen. Jetzt wird er gründlich mit der Küchenmaschine durchgearbeitet, bis er langziehend am Knethaken hängenbleibt (4–6 Minuten) und wäre dann fertig zum Einfüllen in die Kastenform. Soll das Brot ohne Form gebacken werden, muss auf der Arbeitsplatte noch so viel Mehl mit der Hand eingeknetet werden, bis der Teig nicht mehr klebt. Jetzt folgt das zweite Gehen, wofür der Teig etwa zwei Stunden bei normaler Raumtemperatur benötigt. Wärme beschleunigt den Vorgang und kann für das zweite Gehen eventuell gegeben werden. Das Kastenbrot geht in der Form, das freizubackende Brot im Gehkörbchen (Seite 57) oder auf dem Backblech.

Das Backen

Es hat kaum Zweck, genaue Heizstufen anzugeben, denn es gibt zu viele verschiedene Herdtypen und Schaltsysteme. Jeder wird seinen Backofen aus Erfahrung kennen und auch aus den ersten Brotbackversuchen dazulernen. Brot ist darüber hinaus nicht empfindlich. Grundsätzlich braucht das Sauerteigbrot einen gut vorgeheizten Backofen (15 Minuten auf höchster Heizstufe) und höchste Anfangstemperaturen, um dann bei abfallender Hitze zu backen. 20 Minuten nach dem Einschieben des Brotes wird auf etwa Zweidrittel-Hitze zurückgeschaltet. Ein Brot aus 1000 g bis 1500 g Mehl braucht etwa 60 Minuten. Schon nach 50 oder 55 Minuten kann die Garprobe gemacht werden: das Brot aus dem Backofen nehmen, Kastenbrot aus der Form schütten, mit der Oberseite auf den Tisch legen und die Unterseite mit dem Finger beklopfen. Hört es sich hohl an, ist das Brot fertig. Muss noch ein paar Minuten nachgebacken werden, kann das Kastenbrot jetzt ohne Form in den Backofen zurück. Brot wird auf den unteren Schienen gebacken, Brötchen und Kleingebäck auf mittlerer Schiene.

Gärungsreaktion und Haltbarkeit verschiedener Sauerteigansätze

(eigene Versuchsreihe)

Nach 3 Stunden	
Nach 16 Stunden	Kontrolle der Gärung
Nach 24 Stunden	Kontrolle der Gärung
Nach 40 Stunden	Kontrolle der Gärung
	Geruch
Nach 43 Stunden	
Nach 48 Stunden	Beendigung der ersten Phase der vergleichenden Versuchsreihe. Verwahrung der einzelnen Ansätze im Kühlschrank. Ein Teil jeden Ansatzes wird tiefgefroren.
Nach 2 Tagen	Probebacken Zutaten: jeweils 1 gehäufter Teelöffel der vier Sauerteigsorten aus dem Kühlschrank mit 500 g mittelfeinem Schrot, 330 ccm Wasser, ½ Teelöffel Salz, 1 Prise Zucker, ½ Teelöffel Trockenhefe. Standort mit 20 Grad Wärme von 20 Uhr bis 8 Uhr.
	1. Gärung
	Geruch
	2. Gärung in der Form, Standort 20/21 Grad Wärme, Dauer 5 Stunden (hätte durch Wärme verkürzt werden können, was aber nicht meine Absicht war).
	Schlussgärung im Backofen (Form des Brotes)
	Geschmack
Nach 2 Wochen	Geruch des Ansatzes
Nach 4 Wochen	Prüfung der Triebkraft mit jeweils ½ Teelöffel der vier Ansätze auf 100 g Mehl, 100 ccm Wasser, einer Prise Salz und Zucker. Standort mit 20 Grad Wärme, von 20 Uhr bis 8 Uhr.
Nach 2 Monaten	Prüfung der Triebkraft aller vier Ansätze, die nach der Herstellung tiefgefroren wurden.

Zusammenfassend ist festzustellen, dass man mit den einfachsten im Haushalt vorhandenen Zutaten Sauerteig innerhalb von 24 Stunden herstellen kann. Mit Hefe erreicht man die Sauergärung bereits nach 12 Stunden und hat dann einen Sofortsauerteig. Die Versuche zeigen auch, dass die Ansätze nach 4 Wochen noch ihre Triebkraft besitzen, lediglich bei Zucker und Honig mussten Zeit und Wärme zugegeben

Ausgangszutaten:

Versuch 1: *200 g Mehl, 220 ccm Wasser + 1 TL Trockenhefe*
Versuch 2: *200 g Mehl, 220 ccm Wasser + 1 TL Zucker*
Versuch 3: *200 g Mehl, 220 ccm Wasser + 1 TL Honig*
Versuch 4: *200 g Mehl, 220 ccm Wasser + 1 EL Sekowa Backferment*
Standort mit 30 Grad Wärme

Hefe	**Zucker**	**Honig**	**Sekowa Backferment**
starke Reaktion, vielfache Vermehrung	–	–	–
Hefetrieb zusammengefallen, Gärung gut	kräftig, Volumen verdoppelt	wenig	wenig
kräftig	Übergärung zusammengefallen	gut, Zunahme des Volumens	kaum, keine Zunahme des Volumens
sehr gut	sehr gut	sehr gut	sehr gut
sauer-alkoholisch, hefig	säuerlich	wenig sauer	Eigengeruch
unverändert	unverändert	unverändert	stürmische Übergärung
sehr gut	sehr gut	gut	wenig
feinsauer	feinsauer	feinsauer	arteigen-süsslich
sehr gut	mässig	gut	sehr gut
gut	wenig mehr	besonders gut	sehr gut
leicht säuerlich	säuerlich	milde	mild-süsslich
sauer	säuerlich	milde	säuerlich
positiv	positiv nach Wärme- und Zeitzugabe	positiv nach Wärme- und Zeitzugabe	positiv
positiv	positiv	positiv	positiv

werden. In gefrorenem Zustand sind alle Ansätze nach 8 Wochen (und auch später) noch triebfähig.
Vergleiche hierzu auch «Mein Übernachtbrot» (S. 38/74), das mit Hefe abends angesetzt wird und am nächsten Morgen als Sauerteigbrot weiterverarbeitet wird.
Vergleiche aber auch die Anweisungen auf S. 48/49, wie noch einfacher Sauerteig hergestellt werden kann.

Bildfolge zur Herstellung von Sauerteig-Brot

1. In der Knetschüssel oder der Rührschüssel der Küchenmaschine den Sauerteig mit etwa der Hälfte der bereitgestellten Flüssigkeit und einem Teil des Mehls zu einem klümpchenfreien Brei verrühren. Ich habe für dieses Brot halb Auszugsmehl halb Weizenvollkornmehl (siehe weisse Schüssel) genommen.

2. Die restliche Flüssigkeit anschütten, Salz, Zucker und Hefe (evtl. Leinsaat oder Gewürze) dazugeben und nach und nach das übrige Mehl einarbeiten.

3. Den Teig über Nacht in einem Raum mit mindestens 20 Grad stehen lassen. Um während der langen Zeit der Sauergärung die Oberfläche vor dem Austrocknen zu schützen, den Teig möglichst luftdicht abdecken, zum Beispiel mit einer Klarsicht- oder Alufolie, dicht auf dem Teig angedrückt, oder durch Auflegen eines passenden Deckels oder Tellers auf das Gefäss, in dem der Teig ruht.

4. Den Teig am nächsten Morgen, nachdem er über Nacht gegangen ist, auf die bemehlte Arbeitsplatte heben und noch soviel weiteres Mehl darunterkneten, bis der Teig weder an der Arbeitsplatte noch an den Händen klebt. Rührteig wird mit der Maschine so lange durchgearbeitet (etwa 4–5 Minuten), bis er schwerreissend vom Knethaken fällt.

5. Die gewünschten Brotlaibe formen und zum zweiten Gehen gut bemehlt mit der glattesten Seite nach unten in Gehkörbchen legen oder mit der glatten Seite nach oben auf das gefettete Backblech setzen. Rührteig in die gefettete und bemehlte Kastenform gleiten lassen. Alle Teiglinge möglichst luftdicht abdecken. Nach etwa 2 Stunden wird sich der Teig wiederum fast verdoppelt haben. Wenn gewünscht, mit einem scharfen Messer einen 1 cm tiefen Einschnitt über die Oberfläche ziehen, bevor das Brot in den gut vorgeheizten Backofen eingeschoben wird.

6. Das Brot ist fertig, wenn es beim Beklopfen der Unterseite hohl klingt. Zu dieser Probe das Kastenbrot aus der Form stülpen; wenn es noch nicht ganz gar ist, ohne Form in den Backofen zurückstellen und noch ein paar Minuten backen.

1

2

3

4

5

6

Weizenbrötchen, Brote, Stangen

Sauerteigbrot

1000 g Weizenmehl
1 gehäufter Esslöffel Sauerteig
1 Teelöffel Trockenhefe
ca. 500 ccm Wasser
1 Esslöffel Salz
1 Esslöffel Zucker

reicht für 20 Brötchen

In der Knetschüssel oder der Rührschüssel der Küchenmaschine den Sauerteig mit etwa der Hälfte des bereitgestellten Wassers und einem Teil des Mehls zu einem klümpchenfreien Brei verrühren. Das restliche Wasser anschütten, Salz, Zucker und Hefe dazugeben und nach und nach das übrige Mehl einarbeiten. Den Teig über Nacht in einem Raum mit mindestens 20 Grad stehen lassen. Um während der langen Zeit der Sauergärung die Oberfläche vor dem Austrocknen zu schützen, den Teig möglichst luftdicht abdecken, zum Beispiel mit einer Klarsichtfolie, dicht auf dem Teig angedrückt, oder durch Auflegen eines passenden Deckels oder Tellers auf das Gefäss, in dem der Teig ruht. Den Teig am nächsten Morgen, nachdem er über Nacht gut gegangen ist, auf die bemehlte Arbeitsplatte heben und noch so viel weiteres Mehl darunterkneten, bis der Teig weder an der Arbeitsplatte noch an den Händen klebt. Den Ballen zunächst in vier Teile teilen, aus jedem Teil eine Rolle wirken, davon dicke Scheiben abschneiden und zu Brötchen, Kleinbroten oder Stangen formen. Zum Gehen auf das gefettete Backblech setzen und mit einem Tuch abdecken. Der Teig wird bei normaler Raumtemperatur etwa zwei Stunden brauchen, bis er sich wiederum verdoppelt hat.
Auch aus diesem Teig kann Rührteigbrot hergestellt werden. Dafür braucht der Teig nicht ganz so trockengeknetet zu werden und darf weicher sein. Den Teig etwas vorformen und zum zweiten Gehen, möglichst luftdicht abgedeckt, in die gefettete und bemehlte Kastenform legen.
Brot auf der unteren Schiene, Brötchen auf der mittleren Schiene einschieben.

Backtemperatur: Den Backofen 15 Minuten auf grösster Heizstufe vorheizen. Nach dem Einschieben für 1000-g-Brote 20 Minuten starke Hitze beibehalten, für Brötchen 5–7 Minuten, dann auf Mittelhitze herunterschalten.

Backzeit: 1000-g-Brot insgesamt 40–50 Minuten, Brötchen 15–20 Minuten.

Durch die Sauergärung werden die Brötchen aromatischer und kräftiger als die üblichen Hefebrötchen. Aus diesem Brotteig kann eine hervorragende Pizza mit pikanter Auflage (Schinken, Räucherwurst, Tomaten, Zwiebeln, Käse und Majoran als Würze neben Pfeffer und Salz) gebacken werden.

Weizenbrot und -brötchen

Links kleines Landbrot, eine Seite übergeklappt; hinten kleine runde, nebeneinander in der Tortenform gebackene Brötchen. Rechts hinten aneinandergebackene Stangenbrötchen; in der Mitte einfach und kreuzweise eingeschnittene Brötchen.

Roggen-Weizen-Brot

Sauerteigbrot

600 g Roggenmehl
400 g Weizenmehl
1 gehäufter Esslöffel Sauerteig
1 Teelöffel Trockenhefe
ca. 600 ccm Wasser
1 Esslöffel Salz
1 Teelöffel Zucker

reicht für 1 grosses Brot oder diverses Kleingebäck

In der Knetschüssel oder der Rührschüssel der Küchenmaschine den Sauerteig mit etwa der Hälfte des bereitgestellten Wassers und einem Teil des Mehls zu einem klümpchenfreien Brei verrühren. Das restliche Wasser anschütten, Salz, Zucker und Hefe dazugeben und nach und nach das übrige Mehl einarbeiten. Den Teig über Nacht in einem Raum mit mindestens 20 Grad stehen lassen. Um während der langen Zeit der Sauergärung die Oberfläche vor dem Austrocknen zu schützen, den Teig möglichst luftdicht abdecken, zum Beispiel mit einer Klarsichtfolie, dicht auf dem Teig angedrückt, oder durch Auflegen eines passenden Deckels oder Tellers auf das Gefäss, in dem der Teig ruht. Den Teig am nächsten Morgen, nachdem er über Nacht gegangen ist, auf die bemehlte Arbeitsplatte heben und noch so viel weiteres Mehl darunterkneten, bis der Teig weder an der Arbeitsplatte noch an den Händen klebt. Den Broten oder Brötchen die gewünschte Form geben und zum zweiten Gehen gut bemehlt in Gehkörbchen legen oder auf das gefettete Backblech setzen. Wiederum möglichst luftdicht abdecken, denn bei normaler Raumtemperatur wird es etwa zwei Stunden dauern, bis sich der Teig wieder verdoppelt hat.
Für Rührteigbrot braucht der Teig nicht ganz so trockengeknetet zu werden und darf weicher sein. Den Teig etwas vorformen und zum zweiten Gehen möglichst luftdicht abgedeckt in die gefettete und bemehlte Kastenform legen. Brot auf der unteren Schiene, Brötchen und Kleingebäck auf der mittleren Schiene einschieben.

Backtemperatur: Den Backofen 15 Minuten auf grösster Heizstufe vorheizen. Nach dem Einschieben für 1000-g-Brote 20 Minuten starke Hitze beibehalten, für Brötchen etwa 10 Minuten, dann auf Mittelhitze herunterschalten.

Backzeit: 1000-g-Brot insgesamt 45–55 Minuten, Brötchen 20–25 Minuten.

Dieser würzige Brotteig eignet sich gut als Umhüllung für «Schinken im Brotteig». Den Teig etwa einen halben Zentimeter dick ausrollen, darin gekochten Schinken im Stück einschlagen. Die Enden mit Wasser bestreichen und andrücken. Den Teig mit einer Gabel mehrere Male einstechen. Auf der unteren Schiene im Backofen 40–50 Minuten backen.

Roggen-Weizen-Brot

Links in Blechbüchsen gebacken für runde Scheiben, in der Mitte Freigeschobenes, bemehlt, im Korb gegangen, dahinter Freigeschobenes, bemehlt, auf dem Backblech gegangen, vorne kleine runde Party-Brötchen.

Roggen-Weizenfladen, kräftig gewürzt

Sauerteigbrot

600 g Roggenmehl
400 g Weizenmehl
1 gehäufter Esslöffel Sauerteig
1 Teelöffel Trockenhefe
ca. 600 ccm Wasser (auch Buttermilch oder Molke)
1 Esslöffel Salz
1 Teelöffel Zucker
1 Prise Muskatnuss
1 Messerspitze Nelkenpfeffer
1 Esslöffel Koriander gemahlen

reicht für 3 Fladen

In der Knetschüssel oder der Rührschüssel der Küchenmaschine den Sauerteig mit etwa der Hälfte der bereitgestellten Flüssigkeit und einem Teil des Mehls zu einem klümpchenfreien Brei verrühren. Die restliche Flüssigkeit anschütten, Salz, Zucker, Hefe und die Gewürze dazugeben und nach und nach das übrige Mehl einarbeiten. Den Teig über Nacht in einem Raum mit mindestens 20 Grad stehen lassen. Um während der langen Zeit der Sauergärung die Oberfläche vor dem Austrocknen zu schützen, den Teig möglichst luftdicht abdecken, zum Beispiel mit einer Klarsichtfolie, dicht auf dem Teig angedrückt, oder durch Auflegen eines passenden Deckels oder Tellers auf das Gefäss, in dem der Teig ruht. Den Teig am nächsten Morgen, nachdem er über Nacht gegangen ist, auf die bemehlte Arbeitsplatte heben und noch so viel weiteres Mehl darunterkneten, bis der Teig weder an der Arbeitsplatte noch an den Händen klebt. Drei Kugeln formen, gut bemehlen und zum zweiten Gehen auf das gefettete Backblech setzen. Wiederum möglichst luftdicht abdecken, denn bei normaler Raumtemperatur wird es etwa zwei Stunden dauern, bis sich der Teig wieder verdoppelt hat. Die Kugeln dann flachdrücken auf etwa 3 cm Höhe, gitterförmig einschneiden und auf der mittleren Schiene einschieben.
Auch aus diesem Teig kann Rührteigbrot hergestellt werden. Dafür braucht der Teig nicht ganz so trockengeknetet zu werden und darf weicher sein. Den Teig etwas vorformen und zum zweiten Gehen, möglichst luftdicht abgedeckt, in die gefettete und bemehlte Kastenform legen. Das Kastenbrot auf der unteren Schiene einschieben.

Backtemperatur: Den Backofen 15 Minuten auf grösster Heizstufe vorheizen. Nach dem Einschieben für 1000-g-Brot 20 Minuten starke Hitze beibehalten, für Fladen 10–15 Minuten, dann auf Mittelhitze herunterschalten.

Backzeit: 1000-g-Brot insgesamt 50–60 Minuten, Fladen 25–35 Minuten.

Für eine kräftige Pizza mit viel Tomaten, Zwiebeln, Käse und Sardellen oder aber mit Schinken und Pilzen ist auch ein würziger Boden willkommen, den Sie aus obigem Teig ebenfalls herstellen können.

Roggen-Weizen-Fladen, kräftig gewürzt

Fladenbrote mit kreuzweise eingeschnittener Oberfläche, Pizza-Teig mit gemischtem Belag.

Roggenbrot

Sauerteigbrot

1000 g Roggenmehl
1 gehäufter Esslöffel Sauerteig
1 Teelöffel Trockenhefe
650–700 ccm Wasser
1 Esslöffel Salz
1 Teelöffel Zucker

reicht für ein grosses Brot

In der Knetschüssel oder der Rührschüssel der Küchenmaschine den Sauerteig mit etwa der Hälfte des bereitgestellten Wassers und einem Teil des Mehls zu einem klümpchenfreien Brei verrühren. Das restliche Wasser anschütten, Salz, Zucker und Hefe dazugeben und nach und nach das übrige Mehl einarbeiten. Den Teig über Nacht in einem Raum mit mindestens 20 Grad stehen lassen. Um während der langen Zeit der Sauergärung die Oberfläche vor dem Austrocknen zu schützen, den Teig möglichst luftdicht abdecken, zum Beispiel mit einer Klarsichtfolie, dicht auf dem Teig angedrückt, oder durch Auflegen eines passenden Deckels oder Tellers auf das Gefäss, in dem der Teig ruht. Den Teig am nächsten Morgen, nachdem er über Nacht gegangen ist, auf die bemehlte Arbeitsplatte heben und noch so viel weiteres Mehl darunterkneten, bis der Teig weder an der Arbeitsplatte noch an den Händen klebt. Ein grosses Brot formen und zum zweiten Gehen gut bemehlt in einen Gehkorb legen oder auf das gefettete Backblech setzen. Wiederum möglichst luftdicht abdekken, denn bei normaler Raumtemperatur wird es etwa zwei Stunden dauern, bis sich der Teig wieder verdoppelt hat.
Auch aus diesem Teig kann Rührteigbrot hergestellt werden. Dafür braucht der Teig nicht ganz so trockengeknetet zu werden und darf weicher sein. Den Teig etwas vorformen und zum zweiten Gehen, möglichst luftdicht abgedeckt, in die gefettete und bemehlte Kastenform legen.
Die Brote auf der unteren Schiene einschieben.

Backtemperatur: Den Backofen 15 Minuten auf grösster Heizstufe vorheizen, nach dem Einschieben 25 Minuten starke Hitze beibehalten, dann auf Mittelhitze herunterschalten.

Backzeit: insgesamt 50–60 Minuten.

Reines Roggenbrot ist besonders würzig, aber nicht jedem gleich bekömmlich, wenn der Magen nicht daran gewöhnt ist. Falls Sie mit Roggen erst beginnen, begnügen Sie sich anfangs mit 300 g auf 700 g Weizen und steigern dann die Roggenmenge langsam.

Roggenbrot

Freigeschobenes, bemehlt, mit Mitteleinschnitt.

Maisbrot

Sauerteigbrot

500 g Maismehl
500 g Weizenmehl
1 gehäufter Esslöffel Sauerteig
1 Teelöffel Trockenhefe
600 ccm Wasser oder mehr
1 Esslöffel Salz
1 Esslöffel Zucker

reicht für 2 Kastenbrote

In der Knetschüssel oder der Rührschüssel der Küchenmaschine den Sauerteig mit etwa der Hälfte des bereitgestellten Wassers und einem Teil des Mehls zu einem klümpchenfreien Brei verrühren. Das restliche Wasser anschütten, Salz, Zucker und Hefe dazugeben und nach und nach das übrige Mehl einarbeiten. Den Teig über Nacht in einem Raum mit mindestens 20 Grad stehen lassen. Um während der langen Zeit der Sauergärung die Oberfläche vor dem Austrocknen zu schützen, den Teig möglichst luftdicht abdecken, zum Beispiel mit einer Klarsichtfolie, dicht auf dem Teig angedrückt, oder durch Auflegen eines passenden Deckels oder Tellers auf das Gefäss, in dem der Teig ruht. Den Teig am nächsten Morgen, nachdem er über Nacht gegangen ist, durcharbeiten, bis er langreissend vom Knethaken der Küchenmaschine fällt oder sich langziehen lässt, und zum zweiten Gehen in die gefetteten und bemehlten Kastenformen gleiten lassen. Wiederum möglichst luftdicht abdecken, denn bei normaler Raumtemperatur wird es etwa zwei Stunden dauern, bis sich der Teig wieder verdoppelt hat.
Die Brote auf der unteren Schiene einschieben.

Backtemperatur: Den Backofen 15 Minuten auf grösster Heizstufe vorheizen, nach dem Einschieben 20 Minuten starke Hitze beibehalten, dann auf Mittelhitze herunterschalten.

Backzeit: insgesamt 45–55 Minuten.

Durch die Maiszugabe schmeckt das Brot ausgesprochen lieblich und verträgt zur Veredelung auch einmal 200 g geraspelte oder gehackte Haselnüsse, Walnüsse oder Mandeln, wodurch es dann zur Delikatesse aufrückt.

Maisbrot

Kastenbrot mit Mitteleinschnitt.

Weizenvollkornbrot

Sauerteigbrot

1000 g Weizenschrot
2 Esslöffel Sauerteig
1 Teelöffel Trockenhefe
700–750 ccm Wasser
1 Esslöffel Salz
1 Teelöffel Zucker
1 Teelöffel Fenchel, gemahlen
1 Teelöffel Kümmel
2–3 Esslöffel Leinsaat

reicht für 1 Kastenbrot

In der Knetschüssel oder der Rührschüssel der Küchenmaschine den Sauerteig mit der Hälfte des bereitgestellten Wassers und einem Teil des Schrotes zu einem klümpchenfreien Brei verrühren. Das restliche Wasser anschütten, Salz, Zucker, Hefe und die Gewürze dazugeben und nach und nach das übrige Mehl einarbeiten. Den Teig über Nacht in einem Raum mit mindestens 20 Grad stehen lassen. Um während der langen Zeit der Sauergärung die Oberfläche vor dem Austrocknen zu schützen, einen passenden Deckel oder Teller auf das Gefäss auflegen, in dem der Teig ruht. Den Teig am nächsten Morgen, nachdem er über Nacht gegangen ist, durcharbeiten, bis er langreissend vom Knethaken der Küchenmaschine fällt (4–5 Minuten) oder sich langziehen lässt. Zum zweiten Gehen in die gefettete und bemehlte Kastenform gleiten lassen. Wiederum möglichst luftdicht abdecken (zum Beispiel mit Klarsichtfolie), denn bei normaler Raumtemperatur wird es etwa zwei Stunden dauern, bis sich der Teig wieder verdoppelt hat.
Für freigeschobenes Brot wird nach dem ersten Gehen noch so viel Schrot eingeknetet, bis der Teig weder an der Arbeitsplatte noch an den Händen klebt. Zum zweiten Gehen gut bemehlt in einen Gehkorb legen oder auf das gefettete Backblech setzen. Möglichst luftdicht abdecken. Das Brot auf der unteren Schiene einschieben.

Backtemperatur: Den Backofen 15 Minuten auf grösster Heizstufe vorheizen, nach dem Einschieben 20–25 Minuten starke Hitze beibehalten, dann auf Mittelhitze herunterschalten.

Backzeit: insgesamt 50–60 Minuten.

Dies ist das Brot, an dem ich mich zuerst versucht hatte, als wir ans Selberbrotbacken gingen. Obwohl ich alle Brote dieses Buches, und noch ein paar mehr, gebacken und probiert habe, bin ich meinem obigen Rezept treu geblieben und empfinde es auch heute noch als das wohlschmekkendste Brot von allen. Ich backe es immer in der Kastenform. Variationen auf den folgenden beiden Seiten.

Beigaben zum Vollkornbrot

(auch zu anderem Brot)

Speck	100–150 g durchwachsenen Räucherspeck würfeln und in der Pfanne hellbraun anbraten. Die Speckwürfel etwas auskühlen lassen und dem Teig beigeben. Falls sich reichlich Bratfett abgesondert haben sollte, dieses zurückbehalten und anderweitig verwenden.
Schinken	150 g rohen oder gekochten Schinken, in Würfel oder Streifen geschnitten, in den Teig einarbeiten. Als pikantes I-Tüpfelchen einen halben Teelöffel (nach Geschmack auch mehr) grob gemahlenen Pfeffer zugeben.
Zwiebeln	150–200 g Zwiebelringe oder -würfel in der Pfanne in wenig Fett anbräunen, abkühlen lassen und zugeben. Werden Speck und Zwiebeln vorgesehen, die Zwiebeln in dem restlichen Bratfett des Specks anbraten.
Leinsamen	200 g Leinsamen bereichern das Brot mit Vitaminen und Spurenelementen und regulieren die Verdauung.
Ganze Körner	200 g Weizenkörner, zwei Tage in Wasser vorgequollen oder in Wasser weichgekocht, bewirken ein rustikales Brot.
Haferflocken	Haferflocken, grob oder fein, können bis zu 500 g zugesetzt werden. Da sie dem Teig zu viel Flüssigkeit entziehen würden, werden sie mit so viel Wasser angerührt, wie sie aufnehmen können. Sie quellen noch nach, deshalb sollte man sie ein paar Stunden vor der Verarbeitung ansetzen. Durch Beigabe trockener Haferflocken lässt sich auf einfache Art ein zu weicher Brotteig retten.
Gerstengrütze usw.	Grütze aus Gerste, Hafer und Buchweizen kann in grober oder feiner Körnung bis zu 300 g zugesetzt werden.
Esskastanien	Püree aus Esskastanien, aber auch getrocknete Raspeln aus gerösteten Esskastanien können bis 300 g hinzugefügt werden. Sie geben dem Brot ein süssliches Aroma und lassen den Teig dunkler werden.
Kartoffeln	Bis zu 500 g Kartoffeln, gekocht und zerquetscht, gehören in manches spezielle Brotrezept der verschiedenen Gebiete. Sie sind nicht herauszuschmecken und machen die Krume saftiger.
Steckrüben	Saftig wird das Brot auch von gekochten und zerstampften Steckrüben, und mehr wird es auch, was in Notzeiten recht willkommen war. 500 g ist eine gute Menge.
Nüsse und Mandeln	Davon gibt es auf Seite 71 ein Rezept mit Foto.
Backobst	Davon gibt es auf Seite 73 ein Rezept mit Foto.

Weizenvollkornbrot mit Nüssen, Mandeln und ganzen Körnern

Sauerteigbrot

150 g Walnüsse
oder 150 g Mandeln
oder 200 g ganze
Weizenkörner

Den Brotteig nach dem vorhergegangenen Rezept Seite 68 bereiten und über Nacht gehen lassen. Am Morgen beim ausgiebigen Durcharbeiten die gewünschten Beigaben zusetzen.

Die Walnüsse (oder auch Haselnüsse) in grossen Stücken unter den Teig mischen. Wenn sie geraspelt, gerieben oder gehackt werden, geben sie zwar etwas Aroma, das ist aber nicht vergleichbar mit dem Geschmackseffekt einer ganzen Walnuss.

Mandeln werden gebrüht, enthäutet und in der Pfanne ohne Fett leicht angeröstet, bevor sie in den Teig eingearbeitet werden.

Die ganzen Weizenkörner entweder zwei Tage mit etwas Wasser quellen lassen oder zur schnelleren Verwendung mit Wasser weichkochen. Einige Körner können zum Bestreuen der Oberfläche zurückbehalten werden. Das sieht hübsch aus, die Körner werden jedoch beim Backen sehr hart.

Mit der Beigabe von Nüssen oder Mandeln und Butteraufstrich ist dieses Brot eine vollwertige Mahlzeit, besonders wenn ein Apfel oder ein Glas frische Milch dazukommt. Es ist ein richtiges Verwöhnbrot.

Weizenvollkornbrot

Links Kastenbrot mit eingebackenen, angerösteten Mandeln, rechts Kastenform mit ganzen Körnern bestreut, in der Mitte Kastenform mit eingebackenen Walnüssen.

Hutzel- oder Früchtebrot

Sauerteigbrot

ca. 300 g gemischte Trockenfrüchte:
Birnen (Hutzeln)
Äpfel
Pflaumen
Aprikosen
Rosinen
Korinthen
Feigen
Datteln
Bananen
50 g Mandeln oder Nüsse
1 Messerspitze Zimt
1 Prise Muskatnuss
1 Prise Nelkenpfeffer
1–2 Esslöffel Rum
abgeriebene Zitronenschale

Nach dem Rezept auf Seite 68 500 g Weizenvollkornteig herstellen und über Nacht gehen lassen. Am nächsten Morgen beim ausgiebigen Durcharbeiten die grob zerteilten Trockenfrüchte, die Mandeln oder Nüsse, grob gehackt oder ganz, und die Gewürze zugeben. Mit dem Rum die Flüssigkeitsmenge des Teiges ausgleichen, der von schwer reissender Beschaffenheit wie immer beim Rührteigbrot sein soll. Zum zweiten Gehen den Früchteteig in die gefettete und bemehlte Kastenform gleiten lassen. Möglichst luftdicht abdecken. Es ist nicht beabsichtigt, dass die Krume des Früchtebrotes so locker wie beim üblichen Brot ist. Es genügt, wenn der Teig die Früchte zusammenhält. Nach etwa 2stündiger Gehzeit das Früchtebrot auf der unteren Schiene einschieben.

Backtemperatur: Den Backofen 15 Minuten auf grösster Heizstufe vorheizen, nach dem Einschieben 20 Minuten starke Hitze beibehalten, dann auf Mittelhitze herunterschalten.

Backzeit: insgesamt 50–60 Minuten.

Ein duftender Tee, ein saftiges reichhaltiges Hutzelbrot mit Butter: das besitzt Stil (und schmeckt, obwohl es gesund ist).
Die praktische Hausfrau wird vom täglichen Weizenvollkornbrot (Rezept Seite 68) gleich 1500 g Teig herstellen, aus 500 g das Hutzelbrot bereiten und beide Brote zusammenbacken.

Hutzelbrot oder Früchtebrot

Kastenform mit eingebackenen, grob zerschnittenen gemischten Trockenfrüchten und Mandeln.

Mein Übernachtbrot

Sauerteigbrot

Zutaten sowie
Foto Seite 38/39

Das Brot, das mir nach intensiver und einfühlsamer Beschäftigung mit den Gärungsmöglichkeiten gleich beim ersten Versuch gelungen ist, gehört an dieser Stelle noch einmal aufgeführt, da es morgens ein Sauerteigbrot ist, obwohl es am Abend vorher nur mit Hefe angesetzt wurde. Bei der Entstehung des Rezeptes spielte weniger der Verstand als vielmehr ein gewisser Zufall eine Rolle. Bei meiner Versuchsreihe mit verschiedenen Sauerteigansätzen (S. 54/55) arbeitete ich u. a. auch mit Hefe und beobachtete damit den schnellsten Sauerteigeffekt bereits nach etwa 12 Stunden. Ich dachte mir, wenn eine kleine Menge für einen Ansatz innerhalb von 12 Stunden zu Sauerteig wird, muss das genausogut auch mit einer grösseren Teigmenge möglich sein. So setzte ich mein übliches Mass von 1000 g Mehl und die für Hefeteig erforderlichen 2 Teelöffel Trockenhefe an. Der Teig stand über Nacht an einem Platz mit etwa 23/24 Grad Wärme, und am Morgen zeigte sich, dass mein Experiment gelungen war: Es duftete säuerlich, der Teig war gärig und verhielt sich im Verlauf der Weiterverarbeitung wie ein normales Sauerteigbrot (längere zweite Gehzeit, Geruch des Teiges, Geschmack des Brotes). Die Hefe hatte den Teig also zunächst getrieben; er war dann nach Erschöpfung der Triebkraft zusammengefallen und machte infolge der einsetzenden Gärung den Umwandlungsprozess in Sauerteigbrot durch.
Von diesem durch Hefelangzeitwirkung gegorenen Teig können Sie auch Restteig abnehmen, um ihn beim nächsten Brotbacken als Sauerteig einzusetzen.

Das Backpulverbrot

Allgemeines über Backpulver und Backpulverbrot

Backpulver

Backpulver ist ein chemisches Produkt aus Natron und sauren Salzen. Die zum Gehen des Teiges erforderliche Kohlensäure entwickelt sich daraus erst beim Backen.

Handelsprodukt

Da Backpulver das meistbenutzte Treibmittel für Kuchen aller Art ist, gibt es viele Hersteller dafür. Qualitätsunterschiede sind nicht bekannt.

Backpulvermenge

Ein Originalpäckchen Backpulver reicht für 500 g Mehl. Bei diesem Treibmittel muss die vorgeschriebene Menge recht genau genommen werden, denn es wirkt ganz anders als Hefe oder Sauerteig. Backpulver kann durch seine begrenzte Erzeugungsmöglichkeit von Kohlensäure auch nur eine bestimmte Menge Mehl zum Gehen bringen, während Hefe und Sauerteig eine Gärung bewirken, die auf den gesamten Teig übergreift, der dann eine einzige gärende Masse darstellt.

Anwendung

Backpulver wird einfach in den Teig eingerührt. Der Teig geht vor dem Backen nicht.

Aroma

Backpulver ist neutral und verändert den Geschmack des Brotteiges nicht, reichert ihn aber auch nicht mit Würze an, wie es zum Beispiel durch die Gärung mit Sauerteig geschieht.

Welche Getreide können mit Backpulver getrieben werden?

Backpulver eignet sich als Treibmittel am besten für Weizenmehl, verträgt aber auch Beigaben von Fett, Zucker und Eiern so wie auch eine Mischung mit Maismehl oder Haferflocken u.ä.

Backpulverbrot

Für Brot ist Backpulver als Treibmittel bei uns recht ungewöhnlich. In England wird es viel verwendet, weil man dort unter «Brot» etwas anderes versteht: einen mageren Kuchen, meist mit süssen Beigaben, der zum Tee gegessen wird, man nennt es daher auch Teebrot. Backpulverbrot bleibt nur wenige Tage frisch.

Das Backen

Der Teig für Backpulverbrot wird meist leichter und weicher gehalten, deshalb wird es auch vorzugsweise in der länglichen Kastenform gebacken. Die Garprobe wird mit einer Nadel (Stricknadel, Schaschlikspiesschen o.ä.) gemacht: Wenn kein Teig an der Nadel hängenbleibt, nachdem sie tief in den Laib hineingestochen wurde, ist das Brot fertig. Ein 500-g-Brot braucht etwa 30–50 Minuten.

Weizen-Mais-Brot

(Foto Seite 79)

Backpulverbrot

500 g Weizenmehl
500 g Maismehl
2 Backpulver
ca. 650 ccm Milch oder mehr
1 Esslöffel Salz
1 Teelöffel Zucker
50 g Butter
3 Eier

reicht für
2 Kastenbrote

Das Maismehl eine halbe Stunde vor der Teigbereitung mit der Flüssigkeit übergiessen und quellen lassen, damit es später dem Teig nicht zu viel Flüssigkeit entzieht. Nach dem Quellen das Salz, den Zucker, die weiche Butter und die drei Eier zufügen, alles gut verrühren und nach und nach das mit dem Backpulver vermischte Mehl unterarbeiten. Es soll ein dickflüssiger Teig entstehen, ähnlich Kuchenteig; bei einem Knetteig würde das Brot später zu fest werden. Nach gründlichem Durcharbeiten den Teig in die gefetteten und bemehlten Kastenformen gleiten lassen. Backpulverteig geht vor dem Backen nicht auf.
Die Brote auf der unteren Schiene einschieben.

Backtemperatur: Den Backofen 15 Minuten auf grösster Heizstufe vorheizen, nach dem Einschieben 15 Minuten starke Hitze beibehalten, dann auf Mittelhitze herunterschalten.

Backzeit: insgesamt 50–60 Minuten

Von den für Brot zu reichen Zutaten her ist dieses Brot mehr eine Art Kuchen, lässt sich aber mit Butter oder auch mit Konfitüre sowie Honig gut essen. Fortgeschrittene werden auch einmal Beigaben wie Rosinen, Nüsse oder Mandeln ausprobieren. Durch die Maismehlzugabe bekommt das Brot ohnehin einen lieblichen Einschlag.

Malzbrot aus Vollkornmehl

Backpulverbrot

1000 g Weizen-
vollkornschrot
2 Backpulver
650–700 ccm Wasser
1 Esslöffel Salz
2 Esslöffel Zucker
200 g Malzextrakt
30 g Butter

reicht für
2 Kastenbrote

Das Wasser und einen Teil des Schrotes in die Schüssel geben und mit dem Malzextrakt zu einem gleichmässigen Brei verrühren. Das Salz, den Zucker, die weiche Butter und das restliche mit dem Backpulver gemischte Schrot dazugeben und zu einem mittelfesten Teig verarbeiten.
Durch die Malzzugabe wird der Teig klebrig und eignet sich am besten zum Backen in der Kastenform. Der Teig ist richtig, wenn er die Beschaffenheit des üblichen Rührteigbrotes aufweist.
Nach gründlichem Durcharbeiten den Teig in die gefetteten und bemehlten Kastenformen gleiten lassen. Backpulverteig geht vor dem Backen nicht auf.
Die Brote auf der unteren Schiene einschieben.

Backtemperatur: Den Backofen 15 Minuten auf grösster Heizstufe vorheizen, nach dem Einschieben 20 Minuten starke Hitze beibehalten, dann auf Mittelhitze herunterschalten.

Backzeit: insgesamt etwa 50 Minuten.

Die Menge des Malzextraktes bestimmt bei diesem Brot die Farbe und den Geschmack. Ein sehr interessantes Brot, das sicher nicht alle Tage gegessen wird, aber als Besonderheit ab und zu auf den Tisch kommt.

Malzbrot aus Vollkornmehl links
Weizen-Mais-Brot rechts (Rezept Seite 77)

beide in der Kastenform gebacken

Weizenvollkornbrot und -brötchen mit Quark

Backpulverbrot

1000 g Weizenvollkornschrot
2 Backpulver
ca. 300 ccm Milch
1 Esslöffel Salz
1 Esslöffel Zucker
500 g Quark
3 Eier

reicht für
2 Brote
oder
20 Brötchen

Den Quark und die Eier gut verrühren, das Salz und den Zucker dazugeben und nach und nach die Milch und das mit dem Backpulver vermischte Schrot unterarbeiten.
Nach gründlichem Durcharbeiten den Teig in die gefetteten und bemehlten Kastenformen gleiten lassen. Für Brötchen muss man noch so viel Schrot einkneten, dass der Teig nicht mehr klebt. Formen und auf das gefettete Backblech setzen.
Backpulverteig geht vor dem Backen nicht auf.
Brot auf der unteren Schiene, Brötchen auf der mittleren Schiene einschieben.

Backtemperatur: Den Backofen 15 Minuten auf grösster Heizstufe vorheizen. Nach dem Einschieben für Brot 10 Minuten starke Hitze beibehalten, für Brötchen nur 5 Minuten, dann auf Mittelhitze herunterschalten.

Backzeit: Brot insgesamt 30–40 Minuten, Brötchen 25–30 Minuten.

Die Brötchen haben mit Hefebrötchen oder den üblichen Bäckerbrötchen nicht viel Ähnlichkeit, aber sie machen wenig Arbeit und schmecken trotzdem gut. Ein Schnellrezept für plötzlichen Bedarf. Das Rezept kann durch Beigabe von frischen Kräutern abgewandelt werden, die gehackt in den Teig eingearbeitet werden (Dill, Petersilie, Basilikum, Bohnenkraut, Schnittlauch, Zwiebeln, Knoblauch).